解码福建红色基因

谢建平 编著

厦门大学出版社
XIAMEN UNIVERSITY PRESS

国家一级出版社
全国百佳图书出版单位

图书在版编目（CIP）数据

解码福建红色基因 / 谢建平编著. -- 厦门 ：厦门大学出版社，2024. 10. -- ISBN 978-7-5615-9500-8

Ⅰ. D642

中国国家版本馆 CIP 数据核字第 20244BP785 号

责任编辑　林　灿

美术编辑　李嘉彬

技术编辑　朱　楷

出版发行　厦门大学出版社

社　　址　厦门市软件园二期望海路 39 号

邮政编码　361008

总　　机　0592-2181111　0592-2181406(传真)

营销中心　0592-2184458　0592-2181365

网　　址　http://www.xmupress.com

邮　　箱　xmup@xmupress.com

印　　刷　厦门集大印刷有限公司

开本　　720 mm×1 000 mm　1/16

印张　　10.5

插页　　1

字数　　132 千字

版次　　2024 年 10 月第 1 版

印次　　2024 年 10 月第 1 次印刷

定价　　68.00 元

厦门大学出版社
微信二维码

厦门大学出版社
微博二维码

目　录

绪　论

党的十八大以来,习近平总书记高度重视并深刻论述了让红色基因代代相传的重大理论与实际问题,对传承机制提出了明确而具体的要求,要求"把红色资源利用好、把红色传统发扬好、把红色基因传承好",构成了习近平新时代中国特色社会主义思想的重要内容。2021年2月20日,习近平总书记在党史学习教育动员大会上再次指出,要鼓励创作党史题材的文艺作品特别是影视作品,抓好青少年学习教育,让红色基因、革命薪火代代传承。在中国共产党百年华诞之际,中共中央政治局于2021年6月25日下午就用好红色资源、赓续红色血脉进行第三十一次集体学习。习近平总书记在主持学习时强调,红色资源是中国共产党艰辛而辉煌奋斗历程的见证,是最宝贵的精神财富。红色血脉是中国共产党政治本色的集中体现,是新时代中国共产党人的精神力量源泉。回望过往历程,眺望前方征途,我们必须始终赓续红色血脉,用党的奋斗历程和伟大成就鼓舞斗志、指引方向,用党的光荣传统和优良作风坚定信念、凝聚力量,用党的历史经验和实践创造启迪智慧、砥砺品格,继往开来,开拓前进,把革命先烈流血牺牲打下的红色江山守护好、建设好,努力创造不负革命先辈期望、无愧于历史和人民的新业绩。

事实上,"基因"一词最初只是一个医学术语,是指控制生物个体性状的基本遗传单位,其最重要的一个特点就是能够忠实地复制自己,以保持生物的基本特征。至于红色"基因",其实就是借助"基因"这一医学术语,用来特指中国共产党人在长期奋斗中锤炼出来的先进本质、思想路线、光荣传统和优良作风。具体来说,我们应该如何理解和认识中国共产党人特有的红色基因呢?

一、红色基因是共产党人在 长期奋斗中锤炼出来的精神特质

中国共产党人的红色基因孕育并形成于艰苦卓绝的革命斗争时期,这一特殊历史时期的革命环境又在相当大的程度上直接影响了中国共产党人的精神世界。就中国共产党百年奋斗历程的历史维度来看,中国共产党人的革命实践具有以下几个独特之处:

第一,开始于"救亡图存"的奋斗求索之中。1840 年鸦片战争以后,中国逐步沦为半殖民地半封建社会,中华民族面临着亡国灭种的危机。在这样的严峻形势下,中国人民面临着两大历史任务:一个是求得民族独立和人民解放,一个是实现国家富强和人民富裕。1920 年以前,中国人民进行过多次不屈不挠的斗争,无数仁人志士苦苦探索救国救民的道路,太平天国运动、洋务运动、维新变法运动、义和团运动、辛亥革命等斗争和探索,虽然都对推动中国社会进步产生了一定影响,但不触动封建根基的自强运动和改良主义、旧式的农民战争、资产阶级革命派领导的民主革命,以及照搬西方资本主义的其他种种方案,都不能完成救亡图存的民族使命和反帝反封建的历史任务。

中国的出路究竟在哪里?1917 年俄国十月革命的成功,让中国的先进分子看到了希望。正如毛泽东所说:"十月革命一声炮响,给我们送来了马克思列宁主义。十月革命帮助了全世界的也帮助了中国的先进分子,用无产阶级的宇宙观作为观察国家命运的工

具,重新考虑自己的问题。走俄国人的路——这就是结论。"①1921
年7月,中国共产党应运而生。一个仅有50多名成员的中国共产
党自此登上中国的历史大舞台,与在中国政治舞台上纵横捭阖的其
他政治力量相比,它是那样的势单力薄、毫不起眼,但它的诞生是
"开天辟地的大事变",因为28年后,它成为一个拥有448万余名党
员的执政党。中国共产党何以能够强大起来?因为在它手中握着
最有力的精神武器,在它心里装着对马克思主义的坚定信仰。中国
共产党登上政治舞台以后,中国革命的面貌焕然一新。强烈的救国
救民的紧迫感、使命感使中国共产党对实现民族独立、国家富强、人
民幸福的这一伟大理想极其坚定而执着。也正因为如此,无数革命
先辈前赴后继地用鲜血和生命为我们铺就了一条通往实现伟大中
国梦的道路,以一种巨大的精神力量托起了中华民族的脊梁。

　　第二,深植于广袤中国大地上的艰难探索与实践之中。1927
年轰轰烈烈的大革命失败后,中国共产党不得不将革命的重心逐渐
转入农村,走出了一条独特的中国革命道路。在大革命和土地革命
初期,由于主客观条件的制约以及错误思想的影响,党的理论出现
了严重教条化、主观化的倾向,偏离了马克思主义的方向,致使革命
实践遭受重大挫折。在对挫折的反思中,毛泽东把马克思主义的世
界观和方法论运用到中国革命的伟大实践中,逐步认识到中国革命
需要学习别国的革命经验,但这种学习并不是照搬照抄别国的革命
模式。1930年5月,针对党和红军中的教条主义思想,毛泽东深刻
地阐明了坚持辩证唯物主义的思想路线和坚持理论与实际相结合
原则的重要性。毛泽东指出:"马克思主义的'本本'是要学习的,但
是必须同我国的实际情况相结合。我们需要'本本',但是一定要纠

---

① 《毛泽东选集》(第4卷),北京:人民出版社,1991年版,第1471页。

正脱离实际情况的本本主义。""离开实际调查,就要产生唯心的阶级估量和唯心的工作指导,那末,它的结果不是机会主义,便是盲动主义。"他还指出,"中国革命斗争的胜利要靠中国同志了解中国情况",强调本本主义的做法"完全不是共产党人从斗争中创造新局面的思想路线,完全是一种保守路线"。① 为把中国革命引向胜利,他提出"没有调查,没有发言权"的科学论断,强调必须认真地调查研究中国的情况,独立地思考和解决中国革命的问题,只有这样,才能"从斗争中创造新局面",才能形成符合中国实际的革命理论和策略。中国共产党人深植于广袤中国大地上的艰难探索与实践,必然使中国共产党更加深刻地认识到中国的国情,认识到人民的贫穷落后,从而更加强调理论联系实际的必要性,更加强调动员群众和教育群众的紧迫性,更加坚定依靠群众、联系群众和服务群众的宗旨意识。

第三,在历经革命高低潮的反复考验中而形成。习近平总书记在中国共产党成立95周年大会上讲话指出:"中国走过的历程,中国人民和中华民族走过的历程,是中国共产党和中国人民用鲜血、汗水、泪水写就的,充满着苦难和辉煌、曲折和胜利、付出和收获。"②事实上确实如此!中国共产党自成立之日起,先后历经了国共第一次合作、大革命的失败、土地革命战争、中华苏维埃共和国临时中央政府的建立、万里长征、抗日战争、解放战争等重大历史事件。在这期间,有过革命的高潮,也有革命的低潮,经过高潮与低潮之间的多次转换与洗礼,信念坚定成为共产党人最重要的政治品

① 《毛泽东选集》(第1卷),北京:人民出版社,1991年版,第111~112、115、116页。
② 习近平:《在庆祝中国共产党成立95周年大会上的讲话》,《人民日报》,2016年7月2日,第2版。

质。即使面对再艰苦的条件、再恶劣的环境、再巨大的挫折,中国共产党人也毫无惧色,始终坚定信心,靠理想信念把广大干部群众团结在自己周围,并推动中国革命和建设向前发展。

理想因其远大而为理想,信念因其执着而为信念。80多年前,在红一方面军二万五千里的征途上,平均每300米就有一名红军牺牲。1938年4月,张闻天在陕北公学演讲时指出,面对几乎不能渡过的天险金沙江与大渡河、人类几乎没有涉足过的雪山与草地,还有敌军的四面包围,"然而我们那时只有一个思想,就是无论如何要克服这些困难,要为自己的理想奋斗到底"。① 长征路上的苦难、曲折、死亡,考验了中国共产党人的理想信念。在一百来年的非凡奋斗历程中,一代又一代中国共产党人顽强拼搏、不懈奋斗,涌现了一大批视死如归的革命烈士、一大批顽强奋斗的英雄人物、一大批忘我奉献的先进模范。这些先辈先烈在确立马克思主义信仰、树立为共产主义事业奋斗的崇高理想后,无论面对什么样的艰难险阻和重大挫折,都没有动摇理想信念。可以说,世界上很少有政党像中国共产党一样,经历过如此多的磨难。这些高潮和低潮所共同构成的艰苦历练,培育了中国共产党人特殊的精神品质、光荣传统和优良作风,逐渐形成了一个完整的红色精神谱系,鼓舞了一代又一代的中国共产党人奋勇前进。

二、红色基因中蕴含了共产党人全部的理想信念和价值追求

对于中国共产党和全国各族人民而言,红色基因的核心要义就

---

① 《张闻天文集》(第2卷),北京:中共党史出版社,1993年版,第270页。

是中国共产党人的理想信念和全心全意为人民服务的宗旨以及矢志不渝的艰苦奋斗精神,简言之就是共产党人的初心和使命。这是共产党的生命之魂、生存之根、发展之本。习近平总书记在党的十九大报告中明确指出:"中国共产党人的初心和使命,就是为中国人民谋幸福,为中华民族谋复兴。这个初心和使命是激励中国共产党人不断前进的根本动力。"①

第一,坚定的理想信念。习近平总书记指出,"革命理想高于天。中国共产党之所以叫共产党,就是因为从成立之日起我们党就把共产主义确立为远大理想。我们党之所以能够经受一次次挫折而又一次次奋起,归根到底是因为我们党有远大理想和崇高追求"。②

理想信念是主体对客体稳定和持久的价值认同,是世界观、人生观和价值观的集中体现,是价值意识活动的调节中枢和最高主宰,是衡量利害关系和选择精神追求的最高准则。理想信念是人的精神世界之核心,在人的精神世界中处于统师地位,是人生发展方向的航标和前进的根本动力。坚定的理想信念是精神力量的源泉。理想信念是中国共产党人前赴后继、奋斗不息的精神动力,也是中国共产党人安身立命之本。理想信念的坚定才是最根本的坚定。就共产党人的理想信念而言,习近平总书记指出,"理想信念是共产党人精神上的'钙'"③。"对马克思主义的信仰,对社会主义和共产主义的信念,是共产党人的政治灵魂,是共产党人经受住任何考验的精神支

① 习近平:《决胜全面建成小康社会 夺取新时代中国特色社会主义伟大胜利》,北京:人民出版社,2017年版,第1页。

② 习近平:《在庆祝中国共产党成立95周年大会上的讲话》,载《十八大以来重要文献选编》(下),北京:中央文献出版社,2018年版,第347页。

③ 中共中央宣传部:《习近平总书记系列重要讲话读本》,北京:学习出版社、人民出版社,2016年版,第106页。

柱。"①中国共产党从诞生之日起就把马克思主义写在自己的旗帜上，把实现共产主义确立为最高理想。在党的一百多年的奋斗历史中，无数共产党人不惜流血牺牲，靠的就是这种信仰，为的就是这个理想。这个理想是建立在马克思主义基本原理基础之上的，坚信通过一代又一代人的持续努力、接续奋斗，是一定能够实现的。

第二，全心全意为人民服务。全心全意为人民服务不仅是一个社会经济发展的理念，更是中国共产党在领导革命、建设和改革的实践中形成的价值取向和根本宗旨。在党的七大上，毛泽东明确指出："全心全意地为人民服务，一刻也不脱离群众；一切从人民的利益出发，而不是从个人或小集团的利益出发；向人民负责和向党的领导机关负责的一致性；这些就是我们的出发点。"②全心全意为人民服务作为党的宗旨成为中国共产党和其他政党相区别的根本性标志并被写入党章。习近平总书记在党的十九大报告中指出，"人民是历史的创造者，是决定党和国家前途命运的根本力量。必须坚持人民主体地位，坚持立党为公、执政为民，践行全心全意为人民服务的根本宗旨，把党的群众路线贯彻到治国理政全部活动之中，把人民对美好生活的向往作为奋斗目标，依靠人民创造历史伟业"③。

就共产党全心全意为人民服务的宗旨而言，习近平总书记指出，"我们讲宗旨，讲了很多话，但说到底还是为人民服务这句话。我们党就是为人民服务的"④。以人民为中心的发展思想，体现了

① 中共中央宣传部：《习近平总书记系列重要讲话读本》，北京：学习出版社、人民出版社，2016 年版，第 107 页。

② 《毛泽东选集》（第 3 卷），北京：人民出版社，1991 年版，第 1094～1095 页。

③ 习近平：《决胜全面建成小康社会　夺取新时代中国特色社会主义伟大胜利》，北京：人民出版社，2017 年版，第 21 页。

④ 习近平：《在河北省阜平县考察扶贫开发工作时的讲话》，《人民日报》，2012 年 12 月 29 日，第 1 版。

中国共产党全心全意为人民服务的根本宗旨。"治国有常,而利民为本","我们党来自人民、服务人民,党的一切工作,必须以最广大人民根本利益为最高标准"。① 因此,在任何时候任何情况下,与人民同呼吸共命运的立场不能变,全心全意为人民服务的宗旨不能忘,群众是真正英雄的历史唯物主义观点不能丢。2019 年 5 月,习近平总书记在赣南考察时强调,我们要饮水思源,不要忘了革命先烈,不要忘了党的初心和使命,不要忘了我们的革命理想、革命宗旨,不要忘了我们中央苏区、革命老区的父老乡亲们。传承红色基因就是要坚持全心全意为人民服务的宗旨,这样才能真正做到不忘初心、牢记使命。2020 年 5 月 22 日,习近平总书记在参加十三届全国人大三次会议内蒙古代表团审议时更是强调:"中国共产党根基在人民、血脉在人民。党团结带领人民进行革命、建设、改革,根本目的就是为了让人民过上好日子,无论面临多大挑战和压力,无论付出多大牺牲和代价,这一点都始终不渝、毫不动摇。"②

第三,艰苦奋斗精神。艰苦奋斗精神不仅是中华民族优良传统,更是中国共产党人的优良作风和政治本色。正是依靠艰苦奋斗精神,中国共产党战胜了前进道路上无数艰难困苦和风险挑战。正如毛泽东指出,艰苦朴素,艰苦奋斗,这既是党的作风,也是每个共产党员、每个革命者的作风。从井冈山时期的艰辛探索开始,中国共产党历经长征途中的千难万险、抗日战争中的舍生取义、解放战争中的最后胜利;从社会主义建设时期到改革开放的新时代,中国人民创造了"经济快速发展奇迹"和"社会长期稳定奇迹"。一代一

---

① 中共中央宣传部:《习近平总书记系列重要讲话读本》,北京:学习出版社、人民出版社,2016 年版,第 128 页。

② 《习近平参加内蒙古代表团审议》,新华社,2020 年 5 月 22 日,http://www.xinhuanet.com/politics/2020lh/2020-05/22/C_1126021292.htm,访问日期:2023 年 5 月 2 日。

代共产党人靠的就是传承红色基因,艰苦奋斗、锐意进取。

习近平总书记的七年知青生涯,更是体现了他艰苦奋斗的优良作风。比方说插队要过五关:跳蚤关、饮食关、生活关、劳动关、思想关。可以说七年上山下乡的知青生活对习近平影响至深,他在自述文章中称最大的收获有两点:"一是让我懂得了什么叫实际,什么叫实事求是,什么叫群众。这是我获益终生的东西。二是培养了我的自信心。"①习近平在回忆文章中还写道:"基层的艰苦生活,能够磨炼一个人的意志。而后无论遇到什么困难,只要想起在那艰难困苦的条件下还能干事,就有一股遇到任何事情都勇于挑战的勇气,什么事情都不信邪,都能处变不惊,克难而进。"②可以说,一代又一代中国共产党人就是在艰苦奋斗的实践中,形成了优良传统,孕育了红色基因。当然,从学习习近平总书记关于红色基因的论述中我们还可以深刻地认识到,红色基因寓于伟大"建党精神"、"红船精神"、"井冈山精神"、"苏区精神"和"长征精神"等中国共产党培育和倡导的伟大革命精神之中,它是催生和发展这些精神之根本。为此,习近平总书记曾明确指出:"人无精神则不立,国无精神则不强。精神是一个民族赖以长久生存的灵魂,唯有精神达到一定的高度,这个民族才能在历史洪流中屹立不倒、奋勇向前。"③而红色基因则是中华民族近代以来精神高峰上的明珠。

---

① 《福建博士风采》丛书编委会编:《福建博士风采》(第 1 卷),福州:海潮摄影艺术出版社,2003 年版,第 2 页。

② 《福建博士风采》丛书编委会编:《福建博士风采》(第 1 卷),福州:海潮摄影艺术出版社,2003 年版,第 3 页。

③ 习近平:《在纪念红军长征胜利 80 周年大会上的讲话》,《人民日报》,2016 年10 月 21 日,第 1 版。

三、红色基因的内涵为共产党人
指引了接续奋斗的努力目标

红色基因是共产党人用忠诚、生命、热血和智慧锻造而成的,蕴含着共产党人的崇高理想、坚定信念、高尚品德、优良作风等伟大精神。它始终贯穿在中国共产党一百多年来精神血脉的赓续中。新时代,传承好红色基因,是不忘本来、开辟未来的必然要求。红色基因不仅能为未来发展指明正确方向,而且能提供宝贵历史经验和强大精神动力,具有非常重大的现实意义。

第一,传承红色基因有利于进行新时代条件下的伟大斗争。习近平总书记指出:"社会是在矛盾运动中前进的,有矛盾就会有斗争。我们党要团结带领人民有效应对重大挑战、抵御重大风险、克服重大阻力、解决重大矛盾,必须进行具有许多新的历史特点的伟大斗争,任何贪图享受、消极懈怠、回避矛盾的思想和行为都是错误的。"①回顾中国共产党的发展历史,不难发现无论是顺境还是逆境,也不论是胜利还是曲折,由理想信念的支撑而产生的伟大精神力量,激励着一代又一代共产党人迈过了一道又一道沟坎,战胜了各种各样的困难,创造出了辉煌的历史业绩。正如邓小平同志所强调的,为什么我们过去能在非常困难的情况下奋斗出来,战胜千难万险使革命胜利呢? 就是因为我们有理想,有马克思主义信念,有共产主义信念。② 在中国特色社会主义新时代的历史条件下,中国共产党所处的历史方位、执政条件和党员队伍组成结构均发生了重

---

① 习近平:《决胜全面建成小康社会 夺取新时代中国特色社会主义伟大胜利》,北京:人民出版社,2017年版,第15页。

② 《邓小平文选》(第3卷),北京:人民出版社,1993年版,第110页。

大变化,党面临的危险和考验更加尖锐地摆在全党面前。有效应对"四大考验"和"四种危险",关键就在于不断传承好党的红色基因。

第二,传承红色基因有利于深入推进党的建设新的伟大工程。习近平总书记指出:"历史已经并将继续证明,没有中国共产党的领导,民族复兴必然是空想。我们党要始终成为时代先锋、民族脊梁,始终成为马克思主义执政党,自身必须始终过硬。"①在中国共产党领导革命、建设和改革的实践中,加强自身建设成为党的事业不断取得一个又一个胜利的保证。改革开放以来,党的自身建设在总体向好的大前提下出现了一系列较为严重的问题,原因是多方面的,情况也十分复杂。其中有一个重要方面必须引起充分重视,即在世情和国情发生深刻变化的同时,党内政治生活面对新情况的自我调适存在一定的缺陷和不足,以至于不能以良好的应变能力来解决发展中存在的问题。为此,习近平总书记指出:"党内状况也在不断发生变化,党员队伍的来源构成、思想观念、价值取向、利益诉求等日益多样化,给严肃党内政治生活提出了许多新课题。"②尤为令人担忧的是,发生了"一些人不知党内政治生活为何物,是非判断十分模糊"③的严重问题。历史和实践反复证明,党和人民事业发展到什么阶段,党的自身建设就要推进到什么阶段。因此,在新时代,传承好红色基因,消除一切侵蚀党的健康肌体的病毒,不断增强党的政治领导力、思想引领力、群众组织力、社会号召力,必然有助于中国共产党在新的历史条件下深入推进党的建设新的伟大工程。

---

①　习近平:《决胜全面建成小康社会　夺取新时代中国特色社会主义伟大胜利》,北京:人民出版社,2017年版,第16页。

②　《习近平关于全面从严治党论述摘编》,北京:中央文献出版社,2016年版,第40页。

③　《十八大以来重要文献选编》(中),北京:中央文献出版社,2016年版,第96页。

第三,传承红色基因有利于推进中国特色社会主义伟大事业。习近平总书记指出:"中国特色社会主义是改革开放以来党的全部理论和实践的主题,是党和人民历尽千辛万苦、付出巨大代价取得的根本成就。"①顺应时代潮流、把握时代特点、回答时代课题,是中国共产党永葆旺盛生命力和坚强战斗力,不断从胜利走向胜利的一个重要原因。"经过长期努力,中国特色社会主义进入了新时代,这是我国发展新的历史方位。"②这一重大政治论断,是中国共产党在科学把握时代趋势和国际局势重大变化,科学把握世情国情党情深刻变化的基础上作出的,有着充分的时代依据、理论依据和实践依据。科学社会主义和国际共产主义运动的历史经验、中国共产党一百多年来不平凡的奋斗历程也表明,党的政治判断水平不断提高,党的各级组织就能不断得到巩固与发展,中国的革命和建设事业就会不断取得胜利;反之,党、国家和人民的根本利益就会受到极大损害,中国革命和社会主义建设事业就会遭受挫折。因此,在新时代,传承好红色基因,必然有助于增强道路自信、理论自信、制度自信、文化自信,既不走封闭僵化的老路,也不走改旗易帜的邪路,保持政治定力,增强政治判断能力和水平,始终坚持和发展中国特色社会主义。

第四,传承红色基因有利于实现中华民族伟大复兴的中国梦。习近平总书记指出:"实现中华民族伟大复兴是近代以来中华民族最伟大的梦想。中国共产党一经成立,就把实现共产主义作为党的最高理想和最终目标,义无反顾肩负起实现中华民族伟大复兴的历史使命,团结带领人民进行了艰苦卓绝的斗争,谱写了气吞山河的

---

① 习近平:《决胜全面建成小康社会 夺取新时代中国特色社会主义伟大胜利》,北京:人民出版社,2017年版,第16页。
② 习近平:《决胜全面建成小康社会 夺取新时代中国特色社会主义伟大胜利》,北京:人民出版社,2017年版,第10页。

壮丽史诗。"①早在建党之初,中国共产党就旗帜鲜明地宣称:"中国共产党是无产阶级的先锋军,为无产阶级奋斗,和为无产阶级革命的党。"②"中国共产党是中国无产阶级政党。它的目的是要组织无产阶级,用阶级斗争的手段,建立劳农专政的政治,铲除私有财产制度,渐次达到一个共产主义的社会。"③从党的早期文献中可以看出,年轻的中国共产党始终把最广大人民群众的根本利益作为自己的奋斗目标,并写入了自己的章程。在长期的革命实践和社会主义建设及改革开放的伟大征程中,一个事实被反复证明,"共产党是为民族、为人民谋利益的政党,它本身决无私利可图"④。由此可见,为了实现中华民族伟大复兴的中国梦,必须始终坚守共产党人的底色,必须始终传承好红色基因,永葆纯洁性和先进性。

英国戏剧作家萧伯纳曾经说过:"人生不是一支短暂的蜡烛,而是一支由我们暂时拿着的火炬,我们一定要把它燃烧得十分光明耀眼,然后交给下一代。"传承红色基因同样也是如此!今天,传承红色基因的接力棒传到我们的手上,我们应当分外珍惜这一荣光,在回首中铭记,在缅怀中传承,把这种精神特质融入我们的血脉,并激发和凝聚无愧今天、开创明天的蓬勃力量。因此,编撰好《解码福建红色基因》一书,无疑是贯彻落实习近平总书记关于红色基因传承、赓续红色血脉的现实要求,更是推动红色基因在八闽大地代代相传的重要举措,具有非常重要的现实意义。

---

① 习近平:《决胜全面建成小康社会 夺取新时代中国特色社会主义伟大胜利》,北京:人民出版社,2017年版,第13页。

② 《建党以来重要文献选编(1921—1949)》(第1册),北京:中央文献出版社,2011年版,第97页。

③ 《建党以来重要文献选编(1921—1949)》(第1册),北京:中央文献出版社,2011年版,第133页。

④ 《毛泽东选集》(第3卷),北京:人民出版社,1991年版,第809页。

第一章　红色基因的基本内涵

红色基因是中国共产党永葆本色的生命密码和精神内核。回顾中国共产党百年来的奋斗历程,不难发现红色基因在中国大地上具有非常丰富的内涵特质,是党和国家的宝贵精神财富。习近平总书记着眼于实现共产党的建设长盛不衰、共产党的血脉代代流淌、共产党的事业接续发展,紧密联系中国共产党一百多年来的波澜壮阔的历史,紧紧抓住蕴含其中的最根本、最核心的要素,深刻揭示了红色基因的内涵。具体来说主要体现在以下方面:第一,中国共产党的革命精神是红色基因的集中表现。中国共产党的革命精神是中国共产党政党精神的体现与宝贵财富,形成以崇高的理想信念、甘于奉献的牺牲精神、艰苦奋斗的优良传统、实事求是的务实作风、对党绝对忠诚、全心全意为人民服务等为代表的红色基因。第二,中国共产党领导中国革命、建设和改革的历史是红色基因的鲜活载体。中国共产党领导的中国革命是一部前仆后继、恢宏壮丽的史诗。在革命年代,中国共产党人为了党和人民的事业舍生忘死、英勇拼搏、前仆后继;在和平年代,中国共产党人吃苦在前、坚毅前行,用人民至上、生命至上的庄严承诺与实际行动诠释了立党为公、执政为民的永恒初心。第三,英雄模范人物的崇高品质是红色基因的生动体现。中国共产党领导的中国革命是一部可歌可泣的英雄史。在百来年的奋斗征程中,涌现了一大批舍生忘死、奋不顾身的英雄人物,无私奉献的先进模范,形成了一系列伟大精神。因此,红色基因的基本内涵可以概述为以下几点。

一、信念坚定，纪律严明

理想信念是一个国家、民族、政党团结奋斗的精神旗帜。习近平总书记指出："坚定理想信念，坚守共产党人精神追求，始终是共产党人安身立命的根本。"①他还说："有了坚定的理想信念，站位就高了，眼界就宽了，心胸就开阔了，就能坚持正确政治方向，经受住各种风险和困难考验，自觉抵御各种腐朽思想的侵蚀，永葆共产党人政治本色。"②回望百余年的风风雨雨，中国从一个积贫积弱、满目疮痍的国家重新回到世界舞台的中央，中国共产党从诞生之初仅有几十人的小党，成长为拥有 9800 余万名党员的世界第一大执政党，带领中华民族完成了翻天覆地的历史性转变，实现了从站起来，到富起来，再到强起来的历史性变革，其中最根本的一条就是依靠共产党人信念和纪律的力量。

(一)信念坚定是共产党人攻坚克难的不竭动力

习近平总书记在不同场合多次讲话中旗帜鲜明地指出，共产党人的理想信念就是"对马克思主义的信仰，对社会主义和共产主义的信念"，这"是共产党人的政治灵魂，是共产党人经受住任何考验的精神支柱"。③ 中国共产党百来年的奋斗历程中，无数共产党人不惜流血牺牲，靠的就是马克思主义信仰，为的就是实现共产主义

---

① 习近平:《紧紧围绕坚持和发展中国特色社会主义　学习宣传贯彻党的十八大精神》,《人民日报》,2012 年 11 月 19 日,第 1 版。

② 习近平:《在新进中央委员会的委员、候补委员学习贯彻党的十八大精神研讨班上的讲话》,《人民日报》,2013 年 1 月 6 日,第 1 版。

③ 习近平:《紧紧围绕坚持和发展中国特色社会主义　学习宣传贯彻党的十八大精神》,《人民日报》,2012 年 11 月 19 日,第 1 版。

理想。中国共产党是用共产主义远大理想和中国特色社会主义共同理想凝聚起来的马克思主义政党,坚定的理想信念是中国共产党人奋勇前进的指路灯塔,是战胜各种艰难险阻的精神支柱,是为党和人民事业不懈奋斗的动力源泉。

1.革命前辈以实际行动诠释了理想信念的力量

回首遥望那些在战火中不屈的意志、坚定的信念、理想与现实不断碰撞燃起的火花,在那艰苦奋斗的革命斗争时期,中国共产党在理想信念和严明的纪律的支撑下,始终秉持"理想之光不灭、信念之光不灭"①。在革命斗争时期,无数的革命先辈以"绝不动摇信仰"的精神信念,经受住鲜血与战火、生离与死别的考验,谱写出视死如归的英雄壮歌;在建设改革时期,无数的共产党人"铁心跟党走",得与失、名与利是他们的锻刀石,打造出一往无前的滔天气势。理想信念使他们将困难摧毁,带领人民前行。正如邓小平所言:"为什么我们过去能在非常困难的情况下奋斗出来,战胜千难万险使革命胜利呢? 就是因为我们有理想,有马克思主义信念,有共产主义信念。"②

井冈山革命斗争时期,面对严峻的形势,部分人在危急和困难的情况下对红色政权的存在与发展产生了悲观情绪,为消除"红旗到底能打多久"这一疑问,毛泽东在八角楼的油灯下,写下了《中国的红色政权为什么能够存在?》及《井冈山的斗争》等篇章,对中国革命的特点进行深刻挖掘,进一步分析论证了中国的红色政权存在及发展的根本原因,并提出了"工农武装割据"的重要思想,他在《星星之火,可以燎原》中用诗一般的语句描绘了中国的革命"是站在海岸

---

① 习近平:《在庆祝中国共产党成立95周年大会上的讲话》,《人民日报》,2016年7月2日,第2版。

② 《邓小平文选》(第3卷),北京:人民出版社,1993年版,第110页。

遥望海中已经看得见桅杆尖头了的一只航船,它是立于高山之巅远看东方已见光芒四射喷薄欲出的一轮朝日,它是躁动于母腹中的快要成熟了的一个婴儿"。毛泽东这种革命必胜的信念,犹如茫茫黑夜中的一盏明灯,极大地激发了革命根据地军民的斗志,鼓舞了军民革命的信心。方志敏率领先遣队北上抗日,在怀玉山区血战突围,为接应战友,复入重围,不幸被俘,被关押在国民党南昌监狱中,写下了《死!——共产主义的殉道者的记述》:"敌人只能砍下我们的头颅,决不能动摇我们的信仰!因为我们信仰的主义,乃是宇宙的真理!为着共产主义牺牲,为着苏维埃流血,那是我们十分情愿的啊!"在入狱的 100 多天时间里,方志敏写下了《我从事革命斗争的略述》《可爱的中国》《清贫》《狱中纪实》等文章,面对敌人的严刑,他直言:"假如我还能生存,那我生存一天就要为中国呼喊一天";面对敌人的利诱,他大义凛然地说:"为着阶级和民族的解放,为着党的事业的成功,我毫不稀罕那华丽的大厦,却宁愿居住在卑陋潮湿的茅棚;不稀罕美味的西餐大菜,宁愿吞嚼刺口的苞粟和菜根;不稀罕舒服柔软的钢丝床,宁愿睡在猪栏狗巢似的住所!"方志敏为中国人民的解放事业流尽了最后一滴血,他在狱中呕心沥血凝结而成的文字表达了为革命献身的决心及革命必胜的坚定信念。一生三落三起的邓小平,全身心地奉献于党的事业,他说:"我之所以能够在被打倒后极其困难的情况下坚持下来,没有什么秘诀,因为我是共产主义者。"[①]正是因为他胸怀伟大理想,对共产主义拥有坚定的理想信念,才能做到荣辱不惊,百折不挠。

在那残酷的战争年代,为了开创人民的解放事业,无数的共产党人"我以我血荐轩辕",生与死的考验不是阻挡他们前进的山头,

---

① 《邓小平年谱(1975—1997)》,北京:中央文献出版社,2004 年版,第201 页。

坚定的信念是他们破除困难的锐利武器,崇高的理想是他们矢志不渝前行的根本动力。李大钊,中国共产党的主要创始人之一,曾是北京大学图书馆主任的他,每月有数百元大洋的收入,绝对可以过上富裕的生活,但他仍然选择投身于革命事业之中,在北京被奉系军阀张作霖的军警逮捕之后,面对敌人的劝降,毅然放弃生的机会。看着前来告别的家人,他神色依旧那么从容,在绞刑台上"精神甚为焕发,态度极为镇静",高呼"共产党万岁"后英勇就义,以生命之钟撞响新中国的黎明。他曾指出:"只要我们有觉悟的精神,世间的黑暗终有灭绝的一天。"他坚信:"试看将来的环球,必是赤旗的世界!"面对生死与信仰,他坦言:"人生的目的,在发展自己的生命,可是也有为发展生命必须牺牲生命的时候。因为平凡的发展,有时不如壮烈的牺牲足以延长生命的音响和光华。绝美的风景,多在奇险的山川。绝壮的音乐,多是悲凉的韵调。高尚的生活,常在壮烈的牺牲中。"①农运大王彭湃,中国共产党老一辈无产阶级革命家、中国农民革命运动的先导者,出身富贵,有着"鸦飞不过的田产",家里平均每人"有五十个农民做奴隶"。年少时期,凋敝的农村和贫苦农民的现实让他深刻了解到旧社会的腐朽和苦难。他曾言"革命就要为大多数人的利益去奋斗,我们要革命就要主张大多数人的利益"。于是,他只身走进农村、了解农民疾苦、组织农民开展运动。1929 年 8 月 24 日因叛徒出卖而被捕。在狱中,他将身上的衣服脱下赠给难友,在最后一次慷慨激昂的演讲后,与战友们高唱《国际歌》走向刑场。面对即将到来的死亡,他说:"为了我们子子孙孙争得幸福的生活,就是献出了自己的生命也在所不惜。"②皖江英烈陈延年,曾任中共江苏省委书记,在极为严重的白色恐怖笼罩下的上海,陈延年

---

① 《李大钊文集》(下),北京:人民出版社,1984 年版,第 118 页。

② 任仲平:《选择,凝聚在信仰的旗帜下》,《人民日报》,2011 年 6 月 27 日。

和赵世炎等人不顾危险坚持斗争,之后陈延年不幸遭国民党军警逮捕。敌人用尽酷刑,将他折磨得体无完肤,妄图逼迫他供出上海党的组织。但陈延年始终保持钢铁般的意志,宁死不屈。1927年7月4日,敌人将陈延年秘密押赴刑场。刽子手们喝令陈延年跪下,他却高声回应:革命者光明磊落、视死如归,只有站着死,决不跪下!他坚定地认为劳苦群众必定会为改善生活而斗争,促成革命运动潮流,而且这种革命运动只能由共产党来领导。革命烈士刘国志,在重庆从事地下工作不幸被捕,英勇就义。刘国志出身四川泸州豪门望族,曾是资产阶级大少爷,但他却献身革命,心甘情愿为人民牺牲自己。面对敌人的审讯,他不止一次回答:"我是从马列主义、从哲学的研究中找到真理的。我坚信资本主义必然灭亡,社会主义必然胜利!"面对劝说,他说:"我死了有党,等于没有死;我如果背叛组织,活着又有什么意义!"他在走向刑场的路上高声吟诵了自己的《就义诗》:"我们没有玷污党的荣誉,我们死而无愧!"①抗日民族女英雄赵一曼,红枪白马,抗日救国。1931年"九一八"事变后,赵一曼被安排到东北地区发动和组织群众进行抗日斗争。1935年11月,她为了掩护部队撤退,身负重伤。后在珠河县春秋岭附近一户农民家中养伤,被日军发现,战斗中再度负伤,昏迷被俘。日军对她施以酷刑,用钢针刺伤口,用烧红的烙铁烙皮肉,逼其招供。她宁死不屈,严词痛斥日军侵略罪行。在临刑前,她高唱《红旗歌》,高呼"打倒日本帝国主义!""中国共产党万岁!",视死如归,从容就义。杨开慧,中国妇女解放运动的倡导者和实践者。1930年10月杨开慧被捕,军阀何键向关在牢狱里的杨开慧提出,只要宣布同毛泽东脱离夫妻关系即可自由。杨开慧毅然回答:"死不足惜,唯愿润之革

---

① 罗广斌、刘德彬、杨益言:《在烈火中永生》,北京:中国青年出版社,1959年版,第71页。

命早日成功。"赵一曼、杨开慧,这两位女性对理想信念的追求超过了生死的界限,面对选择,她们从容赴死,只为坚守心中信念。

方志敏,36 岁;李大钊,38 岁;彭湃,33 岁;陈延年,29 岁;刘国志,28 岁;赵一曼,31 岁;杨开慧,29 岁——这是他们从容赴死的年龄,他们有的人生于富裕家庭,在那个时代完全可以选择平淡一生过上舒适的生活,但他们最终都走向了共产主义的革命斗争之中,视死如归,义无反顾。是什么力量使得这些年轻的共产党人如此豪气干云、视死如归呢?是理想,亦是坚定的信仰。他们坚信共产主义是宇宙中的真理,只因坚信心中的理想信念,坚信共产党必将带领人民冲破泥沼的束缚,走向光明未来。正如邓小平曾经说的:"在我们最困难的时期,共产主义的理想是我们的精神支柱,多少人牺牲就是为了实现这个理想。"[1]司徒雷登在总结国民党失败原因时是这样分析的:"共产党之所以成功,在很大程度上是由于其成员对它的事业抱有无私的献身精神。"[2]没有坚定的共产主义理想信念作为精神支撑,就不会有革命先辈们视死如归的革命精神,人民群众也不会跟着共产党走,就不会有中国革命的胜利。

2.理想信念的力量穿透时空代代相传

历史告诉我们,信仰的力量是无穷的,信仰的力量可以穿透时空代代相传。在和平建设、改革发展时期,许多共产党员为党和人民的事业无私奉献、勇挑重担,鞠躬尽瘁、死而后已,也是因为有崇高理想和坚定信念的激励。

钟扬,为了一粒种子的未来使命,已是 33 岁的他毅然放弃了中国科学院武汉植物研究所副所长的职级待遇,辞官从教。因为"只要国家需要,人类需要,再艰苦的科研也要做!别人不愿意去,我们

---

① 《邓小平文选》(第 3 卷),北京:人民出版社,1993 年版,第 137 页。

② 任仲平:《选择,凝聚在信仰的旗帜下》,《人民日报》,2011 年 6 月 27 日。

必须去"！扎根西藏的十六年里,钟扬和他的学生们走过了青藏高原的山山水水,跋涉 50 多万公里,足迹遍布西藏最偏远、最艰苦、最荒芜的地区,经历过无数生死,累计收集了上千种植物的 4000 多万颗种子,种类占西藏植物的近 1/5。在生命的高度和广度上,他一直在探索自己的边界,他说:"我独自远航,为了那些梦想。我坚信,一个基因可以为一个国家带来希望,一粒种子可以造福万千苍生","任何生命都有其结束的一天,但我毫不畏惧,因为我的学生会将科学探索之路延续,而我们采集的种子,也许会在几百年后的某一天生根发芽,到那时不知会完成多少人的梦想"。[①] 风华五三秋,他为科学而生、为理想信仰前行。甘公荣,她是平凡岗位的实干者,毫无怨言地当农民,孜孜不倦勤学习,兢兢业业干工作,用艰苦奋斗、敬业奉献的实际行动践行父亲的嘱托;她是扶贫帮困的践行者,作为全国道德模范的家属,甘公荣在耳濡目染中积极投身公益事业,结对帮扶困难学生、走访慰问孤寡老人、扶贫济困患病群众;她更是红色基因的传承者,作为甘祖昌和龚全珍的女儿,她认为自己在红色精神传承的道路上不能停歇,多次参加红色宣讲和爱心活动,用一颗仁爱之心传承高尚品德。她的身上,传承着父母的红色基因！李桓英,37 岁辗转多地回到祖国,每当有人问起她选择回国的原因,她总是坚定地回答:"因为我是中国人,祖国是我的根,我决不能忘本。"20 世纪 50 年代,她谢绝世界卫生组织挽留回到祖国,将国外先进治疗方法与中国实际相结合,推广的"短程联合化疗"方法救治了数以万计的麻风病患者,提出的垂直防治与基层防治网相结合的模式,被称为麻风病"全球最佳的治疗行动",使得肆虐数千年的麻风病变得可控、可治,为我国乃至世界麻风病防治工作做出了突出

---

　　① 《追忆钟扬:一位奔走在青藏高原的"追梦者"》,中国新闻网,2018 年 3 月 26 日,http://news.ustc.edu.cn/info/1051/34579.htm,访问日期:2023 年 5 月 2 日。

贡献,并于 2016 年荣获首届"中国麻风病防治终身成就奖"。同年,95 岁高龄的她递交了入党申请书,始终坚守"我要把学会的知识为祖国和人民服务"信念,直至百岁高龄,用实际行动激励着年轻一代的医务工作者。对理想信念的坚贞不渝是中国共产党的强大精神力量,也是我们战胜各种困难的一大法宝。抗震救灾、抗疫行动中,我们一次次看到理想信念的强大力量,广大共产党员舍生忘死、无私无畏,谱写了一曲又一曲团结奋斗的赞歌。

"只有信仰能体现人生的价值,只有信仰能赋予短暂人生以永恒的意义。正是这样的选择,让他们义无反顾地踏上了为国家民族奋斗的征程。不同的人生轨迹,共同的理想信念,让他们凝聚在同一面旗帜下,勇往奋进以赴之,殚精竭虑以成之,断头流血以从之。对个人而言,信仰构成个人行为的支柱;对民族而言,信仰构成凝聚民心的精神;对国家而言,信仰构成国家意志的核心。一个人不能没有信仰,没有信仰的人等于没有灵魂;一个民族不能没有信仰,没有信仰的民族如同一盘散沙;一个国家不能没有信仰,没有信仰的国家不会自主强大。"[1]习近平总书记指出:"坚定理想信念,坚守共产党人精神追求,始终是共产党人安身立命的根本。"[2]"在我们党90 多年的历史中,一代又一代共产党人为了追求民族独立和人民解放,不惜流血牺牲,靠的就是一种信仰,为的就是一个理想。尽管他们也知道,自己追求的理想并不会在自己手中实现,但他们坚信,只要一代又一代人为之持续努力,一代又一代人为此作出牺牲,崇

① 孔庆榕、陈剑安、陈载舸主编:《吸引力与向心力:中华民族凝聚力的百年嬗变——广东中华民族凝聚力研究会第 21 次学术研讨会论文集》,广州:广东人民出版社,2012 年版,第 78 页。

② 《十八大以来重要文献选编》(上),北京:中央文献出版社,2014 年版,第80 页。

高的理想就一定能实现,正所谓'砍头不要紧,只要主义真'。"①

(二)纪律严明是党从胜利走向胜利的根本保证

严明的纪律性,是马克思主义政党的内在要求,也是中国共产党的优良传统和优势所在。邓小平曾经深刻地总结:"有了理想,还要有纪律才能实现。纪律和自由是对立统一的关系,两者是不可分的,缺一不可。我们这么大一个国家,怎样才能团结起来呢?一靠理想,二靠纪律。组织起来就有力量。没有理想,没有纪律,就会像旧中国那样一盘散沙,那我们的革命怎么能够成功?我们的建设怎么能够成功?"②"在中国这样的大国,要把几亿人口的思想和力量统一起来建设社会主义,没有一个由具有高度觉悟性、纪律性和自我牺牲精神的党员组成的能够真正代表和团结人民群众的党,没有这样一个党的统一领导,是不可能设想的,那就只会四分五裂,一事无成。这是全国各族人民在长期的奋斗实践中深刻认识到的真理。"③共产党是用革命理想和铁的纪律组织起来的马克思主义政党,"加强纪律性,革命无不胜",这是中国共产党百年来奠基立业,历经苦难辉煌,从胜利走向胜利的重要昭示。为此,习近平总书记深刻指出:"革命战争年代,我们党团结带领人民打败穷凶极恶的敌人、夺取中国革命胜利,靠的是铁的纪律保证……党面临的形势越复杂、肩负的任务越艰巨,就越要加强纪律建设,越要维护党的团结统一,确保全党统一意志、统一行动、步调一致前进。"④

民主革命时期,为了"使无产阶级能够正确地、有效地、胜利地

---

① 习近平:《关于坚持和发展中国特色社会主义的几个问题》,《求是》,2019年第7期。

② 《邓小平文选》(第3卷),北京:人民出版社,1993年版,第111页。

③ 《邓小平文选》(第2卷),北京:人民出版社,1994年版,第341、342页。

④ 《十八大以来重要文献选编》(上),北京:中央文献出版社,2014年版,第131页。

发挥自己的组织作用（而这正是它的主要作用），无产阶级政党的内部就必须实行极严格的集中和极严格的纪律"①。因此，中国共产党在成立之初就突出强调党的纪律性，党的二大明确指出：中国共产党是为无产阶级做革命运动的急先锋，必须"是很严密的集权的有纪律的"②。值得注意的是，在残酷的革命环境下，"党员军事化"成为当时党内的重要要求。为此，将党的纪律建设与军队纪律建设相结合，形成相互促进的政治纪律，成为新民主主义革命胜利的重要保证。最典型的就是从井冈山时期的"三大纪律、六项注意"的形成与不断完善，到"军队向前进，生产长一寸，加强纪律性，革命无不胜"，再到"两个务必、六条规则"等重要内容的提出，都彰显了党在民主革命时期对纪律建设的重视程度及加强纪律建设的重要思想。

新中国成立后，中国共产党一如既往地强调纪律建设，始终把加强自身纪律建设放在重要位置，根据所处的环境和任务的变化，推动了不同时期党的事业的发展。1956年，党的八大总结了执政以来党的建设经验并强调指出："党是以一切党员都要遵守的纪律联结起来的统一的战斗组织；没有纪律，党决不能领导国家和人民战胜强大的敌人而实现社会主义和共产主义。"③尽管党在一定时期内，走过了一些曲折的道路，但在社会主义建设时期，党的纪律建设仍在曲折中前进。在此基础上，中国共产党团结带领中国人民完成社会主义革命，确立了社会主义基本制度，消灭了一切剥削制度，推进了社会主义建设，完成了中华民族有史以来最为广泛而深刻的社会变革，为当代中国一切发展进步奠定了根本政治前提和制度基

---

① 《列宁选集》（第4卷），北京：人民出版社，1995年版，第154页。

② 《中共中央文件选集》（第1册），北京：中共中央党校出版社，1989年版，第91页。

③ 《建国以来重要文献选编》（第9册），北京：中央文献出版社，1994年版，第319页。

础,为国家富强和人民生活富裕奠定了坚实基础,实现了中华民族由不断衰落到根本扭转命运、持续走向繁荣富强的伟大飞跃。这些伟大成就的取得,是对党的建设成效的最好诠释。

党的十一届五中全会通过的《关于党内政治生活的若干准则》在吸取"文化大革命"深刻教训的基础上,总结了党内政治生活的十二条基本原则,为党组织和党员在遵守党的政治原则和组织原则、接受监督、严明党纪等方面确立了规矩、提供了遵循,使党内政治生活重新走上了正轨。党的十八大以来,党中央从颁布中央八项规定着手,号召全党认真学习党章、严格遵守党章,制定和完善各项党内规章制度,推动全党立规矩、讲规矩、守规矩,有力促进了党的各项事业健康发展。在这个党的纪律建设全新发展历程中,党团结带领中国人民进行改革开放新的伟大革命,极大地激发了广大人民群众的创造性,极大地解放和发展了社会生产力,极大地增强了社会发展活力,人民生活显著改善,综合国力显著增强,国际地位显著提高。由此可见,纪律严明是克服各种艰难险阻、战胜各种风险挑战的重要法宝,是我们的事业不断从胜利走向新的胜利的可靠保证。

从民主革命的胜利,到社会主义革命的胜利和社会主义制度的确立,再到改革开放巨大成就的取得,历史已然证明,没有革命的纪律,就没有革命的胜利。时刻遵守并严格执行党的纪律和规矩,充分保证党的团结和统一,我们的事业就能兴旺发达;而一旦党的纪律和规矩遭到了践踏和破坏,威胁到党的团结和统一,我们的事业就会遭受挫折,党在人民群众中的威望就会大打折扣。中国共产党一百多年的奋斗历程充分证明,纪律严明,是中国共产党立党兴党的强大武器,是中国共产党从胜利走向胜利的根本保证。

二、对党忠诚，一心为民

忠诚是一种最为可贵的品质，是一种对信仰、对事业和对人民的献身精神。习近平总书记指出："忠于党、忠于人民、无私奉献，是共产党人的优秀品质。党的事业，人民的事业，是靠千千万万党员的忠诚奉献而不断铸就的。"①表里如一、言行一致，事关党的形象，关切到党的号召力、凝聚力和战斗力。不论担任何种职务、从事何种工作，共产党员必须时刻牢记自己是党的人，来自人民、植根人民，必须服务人民，这是中国共产党永远立于不败之地的根本。对党忠诚，一心为民是共产党人一生的追求。必须把对党忠诚作为基本政治素养，始终坚持与人民群众紧密结合在一起，坚持全心全意为人民服务，保持忠于党、忠于国家、忠于人民的政治品格。

（一）对党忠诚镌刻在党伟大发展的史诗上

对党忠诚，是中国革命取得胜利的重要法宝，是推动社会主义现代化建设的政治保障，是巩固党的执政地位的根本要求。《中国共产党章程》明确要求，共产党员要"对党忠诚，言行一致"，入党誓词中要求，"严守党的纪律，保守党的秘密，对党忠诚""为共产主义奋斗终身，随时准备为党和人民牺牲一切"。②毛泽东也曾强调指出："一个共产党员，应该是襟怀坦白，忠实，积极，以革命利益为第一生命，以个人利益服从革命利益。"③

---

① 《习近平：在党爱党在党为党　忠诚一辈子奉献一辈子》，新华网，2015 年 7 月 1 日，http://www.xinhuanet.com/politics/2015-07/01/C_1115786921.htm，访问日期：2023 年 5 月 2 日。

② 《中国共产党章程》，北京：人民出版社，2012 年版，第 24～28 页。

③ 《毛泽东选集》（第 2 卷），北京：人民出版社，1991 年版，第 361 页。

1.对党忠诚,是中国革命取得胜利的重要法宝

忠诚是中国共产党人极为珍视的政治品质,是中国共产党最鲜明的政治优势。在党的一百多年伟大奋斗历程中,有千千万万共产党员用自己的实际行动谱写着对党的忠诚。革命战争年代,对党忠诚就是为了党的事业抛头颅、洒热血,英勇善战、不怕牺牲。

1927年的反革命政变使得陈延年、赵世炎、罗亦农、向警予、夏明翰等一大批党的优秀儿女相继牺牲在敌人的屠刀下。高压的屠杀政策并没有压倒中国共产党人的精神,他们冲破反革命的高压,在黑暗中高举着革命的光辉旗帜。许多共产党人以自己的鲜血和生命,捍卫了共产主义的信念。夏明翰在就义前的绝命诗中写道:"砍头不要紧,只要主义真。杀了夏明翰,还有后来人。"广州起义领导人之一的周文雍在狱中写道:"头可断,肢可折,革命精神不可灭。壮士头颅为党落,好汉身躯为群裂。""你们可以打断我的手,杀我的头,要组织是没有的。""毒刑拷打,那是太小的考验。竹签子是竹子做的,共产党员的意志是钢铁!"面对敌人的酷刑,小说《红岩》中江姐的人物原型江竹筠始终坚贞不屈,用生命践行了对党忠诚、永不叛党的无悔誓言。在冰天雪地的山林里与日寇激战的杨靖宇,在完全断粮的情况下毫不畏惧,面对敌人的劝降,他斩钉截铁地回答:"我珍惜自己的生命,但不可能如你所愿。虽临难,但我的同志们还在各地转战,帝国主义灭亡之日必将到来,我也将抵抗到底,开枪吧!"最后壮烈殉国。当敌人剖开他的腹部看到胃肠里尽是未能消化的枯草、树皮和棉絮,无不震惊。真可谓"头颅可断腹可剖,烈气难消志不磨,碧血青蒿两千古,于今赤旗满山河"。这是对杨靖宇生平最生动的写照。

与此同时,在革命的危难时刻一些仁人志士,心中怀抱对党的忠诚奉献理念加入党的队伍中来。如年逾半百的老教育家徐特立,面对腥风血雨的白色恐怖，冒着杀头的危险，毅然选择加入中国共产党。加入之初李维汉曾问他在革命处于低潮时期是否还愿意加入中国共产党。徐特立坚定地表示："我已经 51 岁了，只要共产党能允许我这个老朽的人加入组织，那我就真的获得了新生，还不愿意吗？"毛泽东曾在给徐特立 60 岁寿辰的祝贺信中说道："你是我二十年前的先生，你现在仍然是我的先生，你将来必定还是我的先生。当革命失败的时候，许多共产党员离开了共产党，有的甚至跑到敌人那边去了，你却在 1927 年秋天加入共产党，而且取的态度是十分积极的。"①在艰苦卓绝的斗争中，他总是"革命第一、工作第一、他人第一"，"成为全党自我牺牲和艰苦奋斗作风的模范"。从此，他把自己的精力都献给了党的事业。

在特殊的历史阶段，对党忠诚，有时可能会遭受各种磨难，甚至还可能会被误会、被错待、被冤枉。能不能经受得住，这是鉴别对党忠诚的重要依据。在那个战火纷飞、硝烟四起的年代，有很多红色女特工，她们爱党敬业、无怨无悔，把青春、智慧都献给了党的保密事业。关露，1907 年出生在山西右玉县，原名胡寿楣，自幼父母双亡，18 岁时只身闯荡大上海。1932 年春加入左翼作家联盟，同年加入中国共产党。全面抗战爆发后，1937 年上海沦陷，关露奉命留在上海。党组织派她打入上海极司菲尔路 76 号汪伪特工总部，策反特工头子李士群。1942 年夏，关露又接到一个新任务：到日本人创办的《女声》杂志做编辑，通过杂志社内日本左翼人士恢复与日本共产党的联系。1943 年，《女声》受邀派人参加"大东亚文学者代表大会"，党组织希望关露借机前往日本，进一步加强和日本国内共产党的联系。在这次大会中，十几名中国代表被登报并附照片，之后关

---

① 《毛泽东书信选集》，北京：中央文献出版社，2003 年版，第 86～87 页。

露更是被世人当作"文化汉奸",遭到口诛笔伐。但她忍辱负重,从未吐露出一丝一毫心中的委屈或党的秘密。新中国成立后,关露受潘(汉年)案牵连曾两度被捕,1982年3月23日,中共中央组织部作出了《关于关露同志平反的决定》,当年12月5日,关露逝世。由于受潘(汉年)案牵连,关露曾坐牢十年,还蒙受"文化汉奸"之冤二十七年。但她始终对党忠贞不贰,一生无怨无悔,所有探望过她的人,包括她的妹妹胡绣枫及儿女们都没有听到过关露的一句怨言。她的外甥女李稻川曾说,关露没有倾诉的对象,很多秘密藏在她的心里,这种痛苦、孤独是其他人体会不到的,她是一个真正的共产党员。在陕北"肃反"事件中,刘志丹、习仲勋,以及陕甘边根据地县以上干部、陕北红军营以上干部全都被抓了起来。后来,党中央和毛泽东率领中央红军到了陕甘边根据地,当了解到根据地的严重形势后,毛泽东立即下令"刀下留人""停止捕人",并派出王首道等代表中央去瓦窑堡接管了保卫局,释放了刘志丹和其他被捕的人,恢复了他们的工作。事后,在奔赴东征前线的途中,刘志丹对前来送行的习仲勋说:"向受过整的同志都说说,过去了的事,都不要放在心上,这不是哪一个人的问题,是路线问题,要相信党中央、毛主席会解决好。要听从中央分配,到各自岗位上去,积极工作。"①从关露、刘志丹、习仲勋等老一辈革命家身上我们深深感受到了他们对党忠诚,一心为革命的崇高品格和风范。革命前辈就是这样,对党忠诚绝不是挂在嘴上,而是深入骨子里,落实到行动上。对党忠诚,是中国革命取得胜利的重要法宝。可以说,正是由于一批批共产党人对党无限忠诚和热爱,为了国家、民族和人民,不怕任何艰难困苦,前仆后继,流血牺牲,才推动中国革命事业取得了胜利。

---

① 刘明钢:《习仲勋深情追忆刘志丹:他"的确是我的老大哥"》(5),中国共产党新闻网,2011年7月29日。

2.对党忠诚,是推动社会主义现代化建设的政治保障

党员是党的肌体中的细胞,是中国广大人民群众中有共产主义觉悟的先锋战士。在社会主义革命、建设和改革的伟大实践中,广大党员用自己的行动诠释着对党忠诚。习近平总书记说:"福建东山县的县委书记谷文昌之所以一直受到广大干部群众的敬仰,是因为他在任时不追求轰轰烈烈的'显绩',而是默默无闻地奉献,带领当地干部群众通过十几年的努力,在沿海建成了一道惠及子孙后代的防护林,在老百姓心中树起了一座不朽的丰碑。"① 谷文昌,福建省东山县原县委书记。终其一生,都始终听党的话,服从组织安排。他真正地践行了"我们共产党人好比种子,人民好比土地。我们到了一个地方,就要同那里的人民结合起来,在人民中间生根、开花"②。解放军南下时,他随军南下,加入解放福建的战斗中。新中国成立后,当组织要求他去条件艰苦的东山时,他仍无条件服从。彼时东山,一年有大半时间刮 6 级以上大风,全岛森林覆盖率仅为0.12%。由于风沙之害,东山百业凋敝,有种无收,连生存都成为奢望。秉持着"不把人民拯救出苦难,共产党来干什么!"的信念,谷文昌带领东山人民苦战十几载,遍植木麻黄,筑起绿色长城,治服了风沙。后来,谷文昌在"文化大革命"期间曾被下放劳动,但他也毫无怨言,"人民的需要就是我们的工作"。他从未忘记自己的党员身份,"不带私心搞革命,一心一意为人民","我是经过沟沟坎坎的人,但我始终坚定,任何时候都要相信党,相信党组织"。③ 他对人民付出满腔热血,对党一片忠诚。

---

① 习近平:《在中共中央政治局第二十六次集体学习时的讲话》,《人民日报》,2015 年 9 月 13 日。

② 《毛泽东选集》(第 4 卷),北京:人民出版社,1991 年版,第 1162 页。

③ 《人生一粒种 漫山木麻黄——谷文昌的生前事身后名》,《人民日报》,2015年 4 月 7 日。

无论是"心中装着全体人民，唯独没有他自己"的焦裕禄，还是"捧着一颗心来，不带半根草去"的草鞋书记杨善洲和将"不忘根、不忘本"作为人生信条的高德荣，正是因为这些共产党员心中怀有远大理想，践行对党的绝对忠诚，才使得中国共产党从最初50多个人，发展壮大成为今天拥有9600多万名党员的执政党；正是因为共产党员对党的绝对忠诚，中国共产党人才能由弱变强，以压倒一切敌人、战胜一切困难的大无畏英雄气概，带领人民取得革命胜利，推翻压在中国人民头上的三座大山，建立新中国；正是因为共产党员对党的绝对忠诚，党才能领导全国各族人民顺利完成社会主义改造，建设中国特色社会主义，实现改革开放，从一个落后的农业国，不断发展壮大成为经济强国；正是因为共产党员对党的绝对忠诚，中国共产党才能领导全国各族人民走出一条实现国家富强、民族振兴、人民幸福的正确道路——中国特色社会主义道路；正是因为千千万万党员干部对党的绝对忠诚，中国共产党才具有无往而不胜的强大力量，党和人民的事业才能不断发展壮大。

《中国共产党章程》在党员必须履行的八项义务的第二项中规定了：党员必须"贯彻执行党的基本路线和各项方针、政策，带头参加改革开放和社会主义现代化建设，带动群众为经济发展和社会进步艰苦奋斗，在生产、工作、学习和社会生活中起先锋模范作用"①。对党绝对忠诚在任何时期都应该放在共产党员基本素质建设的首要位置。只有将对党忠诚作为合格党员的重要标准，才能使千千万万党员同志自觉坚定理想信念，在党性锻炼中自觉将思想感悟、政治觉悟与对党忠诚紧密联系在一起。习近平总书记指出："对党绝对忠诚要害在'绝对'两个字，就是唯一的、彻底的、无条件的、不掺

———————

① 《中国共产党章程》，北京：人民出版社，2022年版，第14页。

任何杂质的、没有任何水分的忠诚。"①在中华民族伟大复兴的关键阶段,必须充分发扬党员先锋模范作用,各级党员干部要始终坚定理想信念,坚守共产党人的精神追求,忠诚干净有担当,为实现中华民族伟大复兴中国梦而奋斗。古往今来,任何国家、民族和政党,其坚定的理想信念,是其生存发展的精神动力,也是其攻坚克难的制胜法宝。只有对党忠诚的党员干部,才能在思想上自觉与党中央高度保持一致,才能在行动上自觉服从组织安排,进而推动工作、履职奉献。

(二)一心为民是共产党人最大的初心

党的宗旨就是全心全意为人民服务。中国共产党作为马克思主义政党,一开始就是代表最先进阶级——工人阶级、代表中国广大人民和整个中华民族利益的政党,身上肩负着为中国人民谋幸福、为中华民族谋复兴的伟大使命。正因如此,党才能够获得被压迫人民的拥护和支持,领导人民翻身作主,一步步从小到大、从弱到强,成为人民的主心骨、中华民族的擎天柱。中国共产党自成立之初,就庄重宣告自己站在无产阶级的立场上,为劳动阶级和劳苦大众谋利益。党的七大第一次将"为人民服务"写进党章。1945 年,毛泽东在《论联合政府》中明确指出:"我们共产党人区别于其他政党的又一个显著的标志,就是和最广大的人民群众取得密切的联系,全心全意为人民服务,一刻也不脱离群众;一切从人民利益出发,而不是从个人或小集团的利益出发;向人民负责和向党的领导机关负责的一致性;这些就是我们的出发点。"②从此,中国共产党的一切工作有了一个坚实的出发点和落脚点,所有共产党人都有了

① 《十八大以来重要文献选编》(中),北京:中央文献出版社,2016 年版,第197 页。

② 《毛泽东选集》(第 3 卷),北京:人民出版社,1991 年版,第 1094～1095 页。

一个正确的行动指南。全心全意为人民服务是中国共产党一以贯之的优良传统，党的历代领导人也一直秉持着一心为民的思想理念，正如邓小平所说的："中国共产党员的含义或任务，如果用概括的语言来说，只有两句话：全心全意为人民服务，一切以人民利益作为每一个共产党员的最高准绳。"①习近平总书记在庆祝中国共产党成立95周年大会上强调："全党同志要把人民放在心中最高位置，坚持全心全意为人民服务的根本宗旨，实现好、维护好、发展好最广大人民根本利益，把人民拥护不拥护、赞成不赞成、高兴不高兴、答应不答应作为衡量一切工作得失的根本标准，使我们党始终拥有不竭的力量源泉。"②

　　回望历史，正如习近平总书记指出的，人民是中国共产党执政的最大底气，是共和国的坚实根基，是强党兴国的根本所在。中国共产党来自人民，为人民而生，因人民而兴，始终与人民心心相印、与人民同甘共苦、与人民团结奋斗。革命战争时期，涌现了大量全心全意为人民服务的模范人物。张思德就是怀有一心为民永恒初心的一个重要实践者。他参加过长征，于1937年加入中国共产党，1942年11月部队整编，成为中央警卫团第一连战士，在毛泽东内卫班执行警卫任务。他经常帮助战友补洗衣服、编织草鞋，带头帮助驻地群众生产劳动。1944年参加大生产运动，被选为农场副队长，7月到安塞县石峡峪山中烧木炭，处处起模范带头作用，每到出炭时都带头钻进窑中作业，9月5日因炭窑崩塌，不幸牺牲，年仅29岁。9月8日，毛泽东在《为人民服务》的演讲中给予高度评价："张思德同志是为人民利益而死的，他的死是比泰山还要重的。"张思德

---

① 《邓小平文选》(第1卷)，北京：人民出版社，1994年版，第257页。

② 习近平：《在庆祝中国共产党成立95周年大会上的讲话》，《人民日报》，2016年7月2日。

一心为民的精神,是对党的根本宗旨的最好诠释。

滕代远,1925 年加入中国共产党。1928 年 7 月,滕代远根据中共湖南省委指示,与彭德怀等同志一起领导了平江起义,创建了红五军,任红五军党代表。同年 12 月,与彭德怀率部到达井冈山与朱毛红军会师。此后,他坚持在井冈山斗争,英勇作战,为创建赣南、闽西革命根据地起了重要作用。1938 年 1 月,滕代远任中共中央军委参谋长,参与组织领导敌后游击战争,后奉命到晋西北地区统一指挥反击国民党顽固派军队的进攻,巩固和发展了晋西北抗日根据地。1942 年,中央军委调滕代远任八路军参谋长。为更好开展生产和节约运动,度过敌后艰苦的年月,滕代远和副参谋长杨立三,根据毛泽东“发展经济、保障供给、公私兼顾、自力更生、丰衣足食”及开展大规模生产运动的指示,于 1944 年春提出了著名的“滕杨方案”。1948 年 11 月,滕代远任中国人民革命军事委员会铁道部部长,后兼铁道兵团司令员、政治委员。在旧中国铁路极其陈旧落后且破烂不堪,大量隧道桥梁坍塌毁坏,许多地段甚至连路基都荡然无存的情况之下,第一次全国铁路工作会议于 1949 年 1 月在北京召开。滕代远把当时铁路职工中流传的豪言壮语“解放军打到哪里,铁路就修到哪里”作为全国铁路职工的行动口号,着手统一调度指挥,实行集中领导和分组管理,打破旧铁路各自为政的局面,迅速把全国铁路统一为有机整体。经过广大军民一年左右的艰苦努力,全国铁路基本修复通车。这不仅有力支援了解放战争,也极大地振奋了人心。1974 年 11 月 30 日,滕代远病危,当亲人们来看望他的时候,他已说不出话,只能努力用手指了指桌上的铅笔。纸笔送到手上,他几乎使尽全身力气,写下了“服务”二字。这不仅是滕代远留给子女的最后遗嘱,也是他一生为党和人民的事业尽心尽力的真实写照。他的一生光明磊落,始终对党和人民的事业高度负责,以身作则、严于律己,生动诠释了全心全意为人民服务的宗旨。

新中国成立以后,涌现出了众多全心全意为人民服务的先进典范,如雷锋、王进喜和焦裕禄等。雷锋,1960 年参军,同年 11 月加入中国共产党。入伍之前,他先后在乡、县当过通信员,在农场当过拖拉机手,在鞍山钢铁公司当过推土机手,并多次获嘉奖。参军后,雷锋勤学苦练基本功,各项科目成绩都是优良。他克己奉公,助人为乐,为集体、为人民做了大量的好事。1962 年 8 月,因公殉职,年仅 22 岁。1963 年 3 月 5 日,《人民日报》发表毛泽东的题词"向雷锋同志学习"。雷锋精神早已开创了一代新风,雷锋精神的实质和核心就是一种为共产主义而奋斗的无私奉献精神,并已成为一个重要精神符号,影响着一代又一代的中国青年。习近平总书记 2012 年在河北阜平考察扶贫开发工作时指出:"我们讲宗旨,讲了很多话,但说到底还是为人民服务这句话。我们党就是为人民服务的。中央的考虑,是要为人民做事。"①改革开放以来,无数的英雄模范人物投身于党的建设事业之中,将身心都献于党和人民,忠实地践行了全心全意为人民服务的根本宗旨。孔繁森,1966 年 9 月加入中国共产党。1979 年,孔繁森第一次赴西藏工作,担任日喀则地区岗巴县委副书记。在岗巴工作 3 年,他跑遍了全县的乡村、牧区,与藏族群众结下了深厚的友谊。1988 年,山东省再次选派进藏干部,组织上认为孔繁森在政治上成熟又有在藏工作经验,便决定让他带队第二次赴藏工作。进藏后,孔繁森担任拉萨市副市长,分管文教、卫生和民政工作。到任仅 4 个月的时间,他就跑遍了全市 8 个县区所有的公办学校和半数以上的村办小学,为发展少数民族的教育事业奔波操劳;为了结束尼木县续迈等 3 个乡群众易患大骨节病的历

---

① 《党的群众路线教育实践活动学习文件选编》,北京:党建读物出版社,2013年版,第 53 页。

史,他几次爬到海拔近 5000 米的山顶水源处采集水样,帮助群众解决饮水问题;了解到农牧区缺医少药的情况后,他每次下乡时都特地带一个医疗箱,买上数百元的常用药,工作之余就给农牧民听诊、把脉、发药、打针,直到小药箱空了为止。孔繁森心甘情愿为人民服务,不图回报。1992 年,拉萨市墨竹工卡等县发生强烈地震,孔繁森在羊日岗乡的地震废墟上,收养了 3 名藏族孤儿——12 岁的曲尼、7 岁的曲印和 5 岁的贡桑。收养孤儿后,孔繁森生活更加拮据,为此他曾 3 次以"洛珠"的名义献血 900 毫升,900 毫升的鲜血蕴含着孔繁森对藏族孤儿深深的爱。1992 年底,孔繁森第二次调藏工作期满,西藏自治区党委决定任命他为阿里地委书记,这一任命意味着孔繁森将继续留在西藏工作。面对人生之路又一次重大选择,他毫不犹豫地服从了党的决定、人民的需要。年近 50 岁的孔繁森赴任阿里地委书记后,在不到两年的时间里,全地区有 106 个乡,他跑遍了 98 个,行程达 8 万多公里,茫茫雪域高原留下了他无数的足迹。在孔繁森的勤奋工作下,阿里经济有了较快的发展。1994 年,全地区国民生产总值超过 1.8 亿元,同比增长 37.5%;国民收入超过 1.1 亿元,同比增长 6.7%。他为了制定把阿里地区的经济带上新台阶的规划,准备在最有潜力的边贸、旅游等方面下功夫。为此,他曾率领相关单位,亲自去新疆西南部的塔城进行边境贸易考察。1994 年 11 月 29 日,他完成任务返回阿里途中,不幸发生车祸,以身殉职,时年 50 岁。"一尘不染,两袖清风,视名利安危淡似狮泉河水;两离桑梓,独恋雪域,置民族团结重如冈底斯山。"这副挽联,形象地概括了孔繁森的一生。孔繁森以自己的实际行动,展现了当代共产党人的优秀品质,塑造起新时期党的领导干部的崇高形象。"青山处处埋忠骨,一腔热血洒高原。"孔繁森用生命书写了共产党人立党为公、执政为民的新篇章,为新时期党员领导干部树立了光辉榜样。

中国革命、建设、改革的历史进程告诉我们，人民群众是历史活动的主体和推动历史前进的决定力量，中国革命的胜利是人民群众用小推车推出来的，中国特色社会主义事业是人民群众用汗水浇筑出来的，中国改革开放的波澜壮阔是人民群众用双手掀开的。正如习近平总书记在庆祝中国共产党成立95周年大会上指出的："中国共产党紧紧依靠人民，跨过一道又一道沟坎，取得一个又一个胜利，为中华民族作出了伟大历史贡献。"[1]"党与人民风雨同舟、生死与共，始终保持血肉联系，是党战胜一切困难和风险的根本保证，正所谓'得众则得国，失众则失国'。"[2]无论在革命战争时期，还是在和平建设时期，全心全意为人民服务是党的根本宗旨，是新时代党执政兴国的根本所在，亦是中国共产党人最大的初心。

三、艰苦奋斗，勇于牺牲

中国共产党的历史就是一部艰苦奋斗、勇于牺牲的历史。回望党所走过的历程，一代又一代中国共产党人在艰苦的环境中奋斗拼搏、舍身忘我，创造了举世瞩目的伟大成就。习近平总书记指出："世界上没有哪个党像我们这样，遭遇过如此多的艰难险阻，经历过如此多的生死考验，付出过如此多的惨烈牺牲。一百年来，在应对各种困难挑战中，我们党锤炼了不畏强敌、不惧风险、敢于斗争、勇于胜利的风骨和品质。"[3]艰苦奋斗、勇于牺牲所彰显的就是中国共产党人苦干实干、不屈不挠、攻坚克难的高尚品德。一方面，艰苦奋

---

① 《十八大以来重要文献选编》(下)，北京：中央文献出版社，2018年版，第342页。

② 习近平：《在庆祝中国共产党成立95周年大会上的讲话》，《人民日报》，2016年7月2日。

③ 习近平：《在党史学习教育动员大会上的讲话》，《求是》，2021年第7期。

斗是中国共产党人不断取得自身进步的重要保证。另一方面,奋斗与牺牲紧密相连,共产党人全身心地投入党的事业中,为人民谋利益,埋头苦干、不怕牺牲,为国家和社会的繁荣发展贡献自己的力量。

(一)艰苦奋斗是共产党人最重要的精神品格

中国共产党是靠艰苦奋斗起家的,也是靠艰苦奋斗发展壮大、成就伟业的。从某种程度上说,整个中国共产党的历史就是一部艰苦奋斗的历史。在领导革命、建设、改革的长期实践中,中国共产党一直艰苦奋斗、自强不息,历经磨难、斗志弥坚,千锤百炼、更加坚强。战争年代的井冈山精神、苏区精神、长征精神、延安精神和西柏坡精神等,建设时期的大庆精神、红旗渠精神、"两弹一星"精神等,改革开放时期的抗洪精神、抗击"非典"精神以及载人航天精神等,都是艰苦奋斗精神在不同时期的具体体现。

革命战争年代,艰苦奋斗的精神极端重要,毛泽东在 1936 年 12 月发表的《中国革命战争的战略问题》中指出:中国共产党以自己艰苦奋斗的经历,以几十万英勇党员和几万干部的流血牺牲,在全民族几万万人中间起了伟大的教育作用。1939 年,他在延安庆祝"五一"国际劳动节大会上告诫全党:"我们的民族历来有一种艰苦奋斗的作风,我们要把它发扬起来。"[1]对于中国共产党来说,在革命战争的不同阶段,艰苦奋斗有着不同的具体内容、目标和途径,但"纵观整个民主革命时期,艰苦奋斗的精神实质没有变,不论在哪个阶段,坚持艰苦奋斗的精神都是一个显著的特点"[2]。如在井冈山时期,国民党反动派对革命根据地进行军事进攻的同时,在经济

---

① 《延安整风运动纪事》,北京:求实出版社,1982 年版,第 12 页。
② 田海舰、黄逸超:《论艰苦奋斗精神的现代价值》,《保定学院学报》,2014 年第 2 期。

上实行了严密的封锁,导致根据地物质生活异常艰苦。在创建井冈山根据地的艰苦岁月里,是毛泽东亲手培育了井冈山精神。毛泽东率领部队上井冈山时,和战士穿着一样,身背斗笠,脚穿草鞋。在井冈山一年零三个月的战斗历程中,冬天,毛泽东穿的是两件单衣,睡的是硬板床,垫的是稻草,盖的是薄线毯。白天指挥战斗,晚上彻夜工作。夜里天寒,就披上毯子工作。毛泽东吃的也是红米饭、南瓜汤和野菜。那时,由于国民党反动派的封锁,井冈山灯油缺少。为了节约用油,红军规定,连以上单位晚上办公时,可以用三根灯芯,部队查哨则用一根灯芯。按这个规定,毛泽东晚上工作可以用三根灯芯,但毛泽东坚决只用一根灯芯。他说在物资十分紧缺的情况下,作为领导更要带头精打细算,省吃俭用,使这有限的物资用的时间更长一些。就是在这一根灯芯的微弱灯光下,毛泽东写下了《中国的红色政权为什么能够存在?》《井冈山的斗争》等光辉著作,引导中国革命一步步走向胜利。长征途中,红军将士历尽艰辛,爬雪山,过草地,吃草根,啃树皮,摆脱了几十万国民党军队的围追堵截,完成了战略转移,以势不可当的英雄气概,在人类历史上创造了数度陷入绝境、数度起死回生的人间奇迹,这期间涌现了众多艰苦奋斗的感人事迹。

1934 年 10 月,中央红军长征,曾山接任中共江西省委代理书记,留守江西苏区,坚持游击战争。1935 年 2 月底,曾山率领游击队到达兴国崇贤地区,与胡海率领的江西红军独立第 4 团会合。3 月初,为了保存革命力量,部队决定突出重围,到赣粤边地区开展游击战争。在这生死危急关头,曾山拿出一面绣有"艰苦奋斗"4 个字的红旗,分为两半,同胡海各执一半。他们相互勉励:"革命一定会胜利,共产主义事业一定会成功,我们艰苦奋斗吧!"①革命胜利后,曾山才知道胡海早已英勇牺牲。当年留下的"奋斗"半面红旗,作为一件珍贵的革命文物,成为中国共产党人艰苦奋斗的历史见证。从军官到士兵,吃着红米饭,喝着南瓜汤,穿着破衣衫,粉碎了敌人无数次的"围剿"进攻,使星星之火越烧越旺。抗日战争时期,中国共产党及其领导的抗日军民,建设解放区,开辟根据地,开展大生产运动,最终赶走了日本侵略者。毛泽东在延安土窑洞中,工作时面对一盏小油灯,睡觉时只有一张旧木床,口渴时只有一杯清茶水,大获全胜之后也只是想吃一碗红烧肉。然而,极其简陋的物质生活,丝毫没有影响伟大领袖救国救民于水火之中的坚定信念。在新中国成立前夕,毛泽东在七届二中全会上倡导"两个务必",即:务必使同志们继续地保持谦虚、谨慎、不骄、不躁的作风,务必使同志们继续地保持艰苦奋斗的作风。

社会主义建设及改革时期,艰苦奋斗精神对于中国共产党同样有着强烈的警示、激励和鞭策作用。正是因为有着艰苦奋斗的精神,党才能带领全国各族人民在社会主义现代化建设和改革开放等方面取得巨大成就。这一时期,同样涌现了许多优秀党员,留下了许多让人歌颂的艰苦奋斗的先进事迹。王进喜,1956 年 4 月 29 日加入中国共产党,入党不久,便担任"贝乌 5 队"队长。1958 年 9 月,王进喜带队创造了月进尺 5009 米的全国钻井最高纪录,被誉为"钢铁钻井队"。1960 年,王进喜率队奔赴大庆油田参加石油大会战,井队番号改为"1205"。刚到大庆的时候,由于吊装设备紧张,王进喜井队的钻机无法运抵施工现场。一套钻机总重 60 多吨,包括大小设备四五十台。在玉门拆卸搬运时动用了吊车、拖拉机各 4

---

① 苏多寿、刘勉玉:《曾山传》,南昌:江西人民出版社,1999 年版,第 124～125 页。

部,大型载重汽车 10 辆。王进喜大吼一声:"不能等!"他带着 30 多名工人奋战三天三夜,靠人拉肩扛把钻机运到井场。仅仅 5 天之后,王进喜率队打出了到大庆后的第一口井,完钻进尺 1200 米。"北风当电扇,大雪是炒面,天南海北来会战,誓夺头号大油田!"在生活条件极其困难的情形下,王进喜和队友们写下了如此豪迈的诗句。第二口井钻到 700 米浅气层时,突然发生井喷。气流水流裹着泥浆冲天而起,如果不及时制止,势必导致井毁人亡。压井需要重晶石粉,可是现场没有。王进喜当机立断决定加水泥来提高泥浆比重,可水泥加进去就沉了底不能融合。见此情况,王进喜穿着工服、拖着一条伤腿纵身跳进齐腰深的泥浆池,用身体搅拌泥浆。① 面对荣誉,他说:"我是个普通工人,没啥本事,就是为国家打了几口井,一切成绩和荣誉都是党和人民的。我的小本本上只能记差距。"在短短不到四年的时间里,以王进喜为代表的石油工人怀着不屈不挠、奋战到底的意志,靠自己的双手,凭着这股艰苦奋斗的铁人精神,实现了油田梦,改变了我国石油能源紧缺的状况,使得我国的石油工业发展在历史上翻开了一页新的篇章。

红旗渠的修建也很有代表性。该渠从 1960 年 2 月动工,到 1969 年 7 月建成,历时近 10 年,削平了 1250 个山头,打通了 211 个隧道,挖土石方 2225 万立方米,相当于修筑了一道从哈尔滨到广州的高 3 米、宽 2 米的"万里长城"。甘肃省庄浪县从 1964 年开始修梯田,历届县委班子咬定目标不放松,带领全县人民艰苦奋斗,经过 40 多年的努力,建成水平梯田 98 万多亩,占坡耕地总面积的 97%,成为全国第一个梯田化模范县。全县人民累计义务投工 5600 多万个,移动土石方 2.96 亿立方米,如果筑成 1 米见方的长堤,可绕地

---

① 本书编写组:《不忘初心　牢记使命:30 位共产党员的信仰人生》,北京:新华出版社,2017 年版,第 164～165 页。

球六圈半。①邓小平曾指出:"中国搞四个现代化,要老老实实地艰苦创业。我们穷,底子薄,教育、科学、文化都落后,这就决定了我们还要有一个艰苦奋斗的过程。"②改革开放以来,我们取得了举世瞩目的伟大成就,这些成就是全国人民在党的领导下通过艰苦奋斗取得的,它凝聚着无数人的汗水和对未来美好愿景的奋斗,充分展示了中华民族自强不息的进取精神,彰显了中国共产党人顽强拼搏的奋斗精神。

新中国成立后,党的历代领导人对共产党人的艰苦奋斗精神极其重视。毛泽东就曾强调:"要使我国富强起来,需要几十年艰苦奋斗的时间,其中包括执行厉行节约、反对浪费这样一个勤俭建国的方针。"③邓小平也曾告诫全党:"艰苦奋斗是我们的传统,艰苦朴素的教育今后要抓紧,一直要抓六十至七十年。我们的国家越发展,越要抓艰苦创业。提倡艰苦创业精神,也有助于克服腐败现象。"④对于艰苦奋斗的精神,江泽民曾言:"要在全党全社会大力提倡高尚的社会主义思想道德和发扬中华民族的优良传统,以艰苦奋斗、勤俭朴素为荣,以铺张浪费、奢侈挥霍为耻。"⑤党的建设离不开艰苦奋斗的精神,"我们党和军队是靠艰苦奋斗起家的,也是靠艰苦奋斗不断发展壮大的。今天我们搞社会主义现代化建设,同样要靠艰苦奋斗"⑥,他还提出,"要深入地进行国情教育,提倡艰苦奋斗、勤俭

---

① 杨会清:《传承红色基因 做合格共产党员》,南昌:江西人民出版社,2016年版,第109页。

② 《邓小平文选》(第3卷),北京:人民出版社,1993年版,第257页。

③ 《毛泽东文集》(第7卷),北京:人民出版社,1999年版,第240页。

④ 《邓小平文选》(第3卷),北京:人民出版社,1993年版,第306页。

⑤ 《江泽民文选》(第1卷),北京:人民出版社,2006年版,第621~622页。

⑥ 中共中央文献研究室:《十四大以来重要文献选编》(中册),北京:人民出版社,1997年版,第1129页。

办一切事业的精神,克服奢侈浪费的不良风气"①。胡锦涛在党的十八大报告中指出:"坚持艰苦奋斗、勤俭节约,下决心改进文风会风,着力整治庸懒散奢等不良风气,坚决克服形式主义、官僚主义,以优良党风凝聚党心民心、带动政风民风。"②他认为:"一个没有艰苦奋斗精神作支撑的民族,是难以自立自强的;一个没有艰苦奋斗精神作支撑的国家,是难以发展进步的;一个没有艰苦奋斗精神作支撑的政党,是难以兴旺发达的。"③2013 年 7 月,习近平总书记在西柏坡参观时指出,毛泽东同志当年提出的"两个务必",包含着对我国几千年历史治乱规律的深刻借鉴,包含着对中国共产党艰苦卓绝奋斗历程的深刻总结,包含着对胜利了的政党永葆先进性和纯洁性、对即将诞生的人民政权实现长治久安的深刻忧思,其思想意义和历史意义十分深远。党的几代领导人深刻阐释了新形势下坚持和发扬艰苦奋斗精神的时代价值和重大意义,语重心长,令人深思。④ 在中国共产党一百多年的奋斗历程中,正是依靠这种艰苦奋斗的精神,才夺取了新民主主义革命和社会主义革命、建设、改革的伟大胜利。面对未来的征程,艰苦奋斗精神必将继续成为实现中华民族伟大复兴中国梦的强大精神力量。

---

① 江泽民:《在中央扶贫开发工作会议上的讲话》,《人民日报》,1997 年 1 月 6 日。

② 胡锦涛:《坚定不移沿着中国特色社会主义道路前进　为全面建成小康社会而奋斗——在中国共产党第十八次全国代表大会上的报告》,北京:人民出版社,2012 年版,第 51 页。

③ 胡锦涛:《高举中国特色社会主义伟大旗帜　为夺取全面建成小康社会新胜利而奋斗——在中国共产党第十七次全国代表大会上的报告》,北京:人民出版社,2007 年版,第 56 页。

④ 杨会清:《传承红色基因　做合格共产党员》,南昌:江西人民出版社,2016 年版,第 110 页。

（二）勇于牺牲是共产党人的政治本色

回首遥望中国共产党一百多年来的历史征程,无论是在艰苦卓绝的革命年代、艰苦奋斗的建设时期,还是在"杀出一条血路"、勇闯发展难关的改革时期;无论是应对自然灾害,还是化解社会风险,每一场重大胜利的取得、每一个阶段性目标的实现,都凝结着共产党人顽强斗争、奋力拼搏的汗水甚至鲜血,彰显着共产党人勇于牺牲的伟大品格。[①] 马克思和恩格斯曾在《共产党宣言》中指出:"过去的一切运动都是少数人的,或者为少数人谋利益的运动。无产阶级的运动是绝大多数人的,为绝大多数人谋利益的独立的运动。"[②]作为马克思主义政党,中国共产党始终代表最广大人民的根本利益,团结带领中国人民,突破重重困难,面对挑战,不惧怕任何牺牲,以勇于斗争、不畏牺牲的伟大建党精神,照亮了中华民族伟大复兴的前进道路。

革命战争时期,面对中华民族的危急时刻,革命先驱高举马克思主义旗帜,毅然选择投身于为国家、民族、人民而斗争牺牲的伟大洪流之中。谢文锦,1921年加入中国共产党。1927年4月上旬,大革命形势急转直下,谢文锦等人敏锐地察觉到事态有变,"暴风雨就要来了,有些人的面目越来越清楚,我们不能再坐着不动了","革命总是要付出代价的,总是有牺牲的。我们不怕牺牲,我们要组织力量和敌人对抗"![③] 他要求南京的党团员,抓紧动员和组织力量,对反对革命的行为进行坚决反击。4月10日夜,谢文锦主持召开南京地委扩大会议,研究应对国民党右派的具体对策时,被国民党特

---

① 张帆:《不怕牺牲　英勇斗争》,《人民日报》,2021年9月22日。
② 马克思、恩格斯:《共产党宣言》,北京:人民出版社,2018年版,第39页。
③ 《中华英烈事迹读本》编写组:《中华英烈事迹读本》(第1卷),北京:新华出版社,2019年版,第80、81页。

务侦缉队包围了会场,谢文锦等人不幸被捕。凶残的国民党特务对他们使用了极其残酷的刑罚,威逼利诱,软硬兼施,但谢文锦等人宁死不屈,表现出了共产党人不怕牺牲、勇于斗争的崇高气节。3 天后,谢文锦等 10 人被秘密杀害,年仅 33 岁。吉洪昌说"夫今死矣! 是为时代而牺牲",刘胡兰说"怕死不当共产党"……千千万万的共产党人面对敌人利诱与血腥屠杀的双重压力,撑起心中信念,挺直百折不挠的脊梁骨,在那个风雨飘摇的年代,共产党人以坚定不移的理想信念、舍生忘死的革命意志、大无畏的英雄气概,铸就了永不褪色的精神丰碑,照亮了中华民族浴火重生的历史征程。

不怕牺牲、英勇斗争,是中国共产党自成立之日起就具备的鲜明品格。党自成立伊始,就把人民的福祉作为最高政治理想和终极价值追求,义无反顾地肩负起为广大人民群众谋幸福的庄严使命。"我们党无论遭受什么样的艰难困苦,始终保持着永不退缩的奋斗精神,以实干兴邦为己任,团结带领人民攻坚克难,励精图治,攻克前进道路上的一个又一个堡垒。"在社会主义革命、建设和改革的伟大实践中,广大共产党人敢于牺牲、勇于奉献,积极投身到社会主义建设事业中。在一穷二白的基础上发扬甘于吃苦、勇往直前、不怕牺牲的优秀革命传统,哪里最困难,哪里最危险,哪里就有共产党员。特别是改革开放以来,无数共产党员用敢于牺牲和勇于奉献的精神投入社会主义改革实践中,坚持改革方向不动摇,涌现了一大批先进典型。廖俊波,俯首甘为"樵夫",为民披荆斩棘;吴金印,太行公仆,为人民服务永不退休;吴亚琴,把居民当亲人贴心服务……他们在工作中兢兢业业,在他们身上有的不仅是忠于职守、兢兢业业的精神,更是共产党人伟大的牺牲精神。面对生产生活中的种种困难和危机,他们迎难而上,冲锋在前,用实际行动乃至生命诠释着共产党人的牺牲精神。这就是中国共产党人勇于奉献、敢打硬拼的牺牲精神,这也是中华民族的牺牲精神!① 共产党人对社会主义现代化道路建设的探索,自始至终贯穿着强烈的使命担当和牺牲精神。这种敢于牺牲、勇于奉献的英雄气概,体现在"宁肯少活二十年,拼命也要拿下大油田"的王进喜身上,展现在人民科学家钱学森身上,彰显在许许多多投身于国家建设发展的共产党人身上。

中国共产党的牺牲精神是全世界最坚决最彻底的奉献精神。为有牺牲多壮志,敢教日月换新天。中国共产党在斗争中诞生、在斗争中发展、在斗争中壮大。一百多年来,无数仁人志士为了共产主义的理想抛头颅、洒热血,牺牲自己的利益,甚至献出生命。"随时准备为党和人民牺牲一切"是每一个共产党人入党时的庄严承诺。解放战争时期,有多少共产党人,为了共产主义理想,为了心中的信念,为了新中国,牺牲了自己的生命。这种牺牲精神换来了中国共产党在全国人民心目中领导核心的形象,换来了共产党人在人民群众心目中难以磨灭的印象。正是这种牺牲精神,让我们看到了中国共产党人作为中华民族脊梁存在的意义;正是这种牺牲精神,其榜样的行为才能够深入民心,触动每个人内心最柔软的部分。②"成千成万的先烈,为着人民的利益,在我们的前头英勇地牺牲了"③,"新中国是无数革命先烈用鲜血和生命铸就的"④,"革命胜利从来不是天上掉下来的,不是别人拱手相让的,而是用流血牺牲换来的"⑤。纵观历史,共产党人为了民族复兴、人民幸福,不惜流血牺牲,不懈努力奋斗,每一个奋斗目标的实现,无一不伴随着艰辛奋

---

① 汪俊玲:《大别山军民牺牲精神与中国共产党的使命担当》,《河南财政税务高等专科学校学报》,2021年第2期。

② 王白娇:《也谈共产党员的牺牲精神》,《今日海南》,2018年第1期。

③ 《毛泽东选集》(第3卷),北京:人民出版社,1991年版,第1098页。

④ 习近平:《论中国共产党历史》,北京:中央文献出版社,2021年版,第110页。

⑤ 习近平:《论中国共产党历史》,北京:中央文献出版社,2021年版,第261页。

斗、牺牲奉献,其鲜明的政治品格,激励着中国共产党不断从胜利走向新的胜利。

四、实事求是,勇闯新路

思想路线,指的是人们或政党在认识客观事物和决定对客观事物的作为时自觉或不自觉地遵守的基本认识原则和方法。实事求是,是中国共产党思想路线的核心所在,亦是共产党的思想特质。党的章程中明确指出:"党的思想路线是一切从实际出发,理论联系实际,实事求是,在实践中检验真理和发展真理。"[①]2015 年 1 月,习近平总书记在中央政治局第二十次集体学习的讲话中再次强调:"要学习掌握世界统一于物质、物质决定意识的原理,坚持从客观实际出发制定政策、推动工作。"[②]从星星之火到燎原之势,从农村包围城市到最终夺取全国政权,从改革开放到全面建成小康社会,都体现了党始终从现有国情出发,准确把握中国不同发展阶段的新变化新特点,闯出了一条民族复兴的伟大之路。

(一)实事求是是中国共产党取得成功的重要法宝

习近平总书记指出:"什么时候坚持实事求是,党就能够形成符合客观实际、体现发展规律、顺应人民意愿的正确路线方针政策,党和人民事业就能够不断取得胜利;反之,离开了实事求是,党和人民事业就会受到损失甚至严重挫折。"[③]实事求是是贯穿中国革命、建设、改革全过程的思想主线。"我们党是靠实事求是起家和兴旺发

---

① 《中国共产党章程》,北京:人民出版社,2012 年版,第 18 页。
② 习近平:《坚持运用辩证唯物主义世界观方法论提高解决我国改革发展基本问题本领》,《人民日报》,2015 年 1 月 25 日。
③ 习近平:《坚持实事求是的思想路线》,《学习时报》,2018 年 5 月 28 日。

展起来的。"①正是坚持了实事求是的思想路线,以毛泽东同志为主要代表的中国共产党人,走出了农村包围城市、武装夺取政权的正确革命道路,正是因为坚持了实事求是的思想路线,中国共产党在社会主义建设和改革开放时期,才取得了举世瞩目的伟大成就。

1.思想路线决定了政党的生死存亡

"对于一个政党来说,思想路线的正确与否事关生死存亡,而一个政党能否创立正确的思想路线,取决于它是否具有科学世界观和方法论的指导。"②历史实践一再表明,中国共产党在带领全国各族人民进行革命、建设、改革的不同阶段,要取得成功和胜利,都离不开正确的思想路线。中国共产党是以马克思主义为指导思想的无产阶级政党,实事求是则是中国共产党人认识世界和改造世界的根本要求。一旦离开了实事求是思想路线的指导,党和人民的事业就会受到损失,甚至遭到严重挫折。在中国新民主主义革命实践中,毛泽东反对主观主义,反对教条主义,把马克思主义的普遍真理和中国革命的具体实践相结合,确立了实事求是的思想路线。1940年,毛泽东在《新民主主义论》中谈到"中国向何处去"时指出:科学的态度是"实事求是",尖锐地批评了"自以为是"和"好为人师"的主观主义态度,并要求共产党员做实事求是的模范。延安整风运动中,毛泽东在《改造我们的学习》《整顿党的作风》《反对党八股》三篇著作中突出强调了理论联系实际的重要性,全面论述了实事求是的科学内涵。1942年,中央党校大礼堂在延安宝塔山落成,毛泽东为之题写了"实事求是"四个大字作为校训,直至今日成为全党的座右

---

① 习近平:《始终按实事求是的要求办事——在中央党校 2012 年春季学期第二批入学学员开学典礼上的讲话摘要》,《民主与科学》,2012 年第 3 期。

② 陈麟辉:《共产党人的看家本领》,上海:上海人民出版社,2019 年版,第146 页。

铭。坚持实事求是,就是坚持一切从实际出发,坚持理论联系实际,坚持在实践中检验真理和发展真理。

中国共产党是靠实事求是起家和兴旺发展起来的。邓小平强调:"实事求是,是无产阶级世界观的基础,是马克思主义的思想基础。过去我们搞革命所取得的一切胜利,是靠实事求是;现在我们要实现四个现代化,同样要靠实事求是。"①回望党所走过的一百多年奋斗历程,党之所以会遇到挫折就是因为脱离了实事求是,背离了正确的思想路线。中国共产党之所以能够继续胜利前行,就是因为党能够依靠自己和人民的力量,及时纠正错误,在挫折中汲取失败的经验教训,恢复和贯彻正确的思想路线,即实事求是。历史是最好的老师,实践是检验真理的唯一标准。党的历史与实践反复证明,坚持实事求是就能兴党兴国;违背实事求是就会误党误国。现如今,面对国内外不断出现的复杂多变的新形势和新问题,面对中华民族伟大复兴的中国梦,中国共产党更需坚持和贯彻实事求是的思想路线。

2.实事求是给予了中国共产党坚定前行的强大自信

"始终保持开拓前进的精神动力,是中国共产党保持和发展马克思主义政党先进性的根本点之一。坚持解放思想、实事求是、与时俱进的思想路线;坚持以科学的态度对待马克思主义,用发展着的马克思主义指导新的实践;坚持真理、修正错误,坚定不移走自己的路,做到这'三个坚持'意味着中国共产党人敢于和善于走自己的路,真抓实干建设有中国特色的社会主义。应该说,这是中国共产党人不忘初心、继续前进的精神动力,也是中国共产党人坚定前行

---

① 《邓小平文选》(第2卷),北京:人民出版社,1994年版,第143页。

的自信所在。"①

革命战争时期,以毛泽东为主要代表的中国共产党人将马列主义基本原理与中国的具体实际情况结合在一起,成功开创了适合且具有中国特色的革命道路。到了社会主义建设时期,实事求是思想路线遭到破坏,导致社会主义建设出现了曲折发展的阶段。为此,1978年12月,邓小平在中央工作会议的闭幕会上作了题为"解放思想,实事求是,团结一致向前看"的重要讲话,他指出:"目前进行的关于实践是检验真理问题的唯一标准的讨论,实际上也是要不要解放思想的争论。大家认为进行这个争论很有必要,意义很大。从争论的情况来看,越看越重要。一个党,一个国家,一个民族,如果一切从本本出发,思想僵化,迷信盛行,那它就不能前进,它的生机就停止了,就要亡党亡国。这是毛泽东同志在整风运动中反复讲过的。只有解放思想,坚持实事求是,一切从实际出发,理论联系实际,我们的社会主义现代化建设才能顺利进行,我们党的马列主义、毛泽东思想的理论也才能顺利发展。"②在总结中国社会主义建设最初20年的经验教训时,邓小平指出:"中国搞社会主义走了相当曲折的道路。二十年的历史教训告诉我们一条最重要的原则:搞社会主义一定要遵循马克思主义的辩证唯物主义和历史唯物主义,也就是毛泽东同志概括的实事求是,或者说一切从实际出发。"③党的十一届三中全会后,以邓小平为主要代表的党的第二代中央领导集体重新确立了解放思想、实事求是的思想路线。正是因为坚持了解放思想、实事求是,中国共产党作出把党和国家工作重点转移到经

---

① 陈麟辉:《共产党人的看家本领》,上海:上海人民出版社,2019年版,第148页。

② 《邓小平文选》(第2卷),北京:人民出版社,1994年版,第143页。

③ 《邓小平文选》(第3卷),北京:人民出版社,1993年版,第118页。

济建设上来并实行改革开放的历史性决策,发出了走自己的路、建设中国特色社会主义的伟大号召。

党的十二大明确规定:"党的思想路线是一切从实际出发,理论联系实际,实事求是,在实践中检验真理和发展真理。"1992年,党的十四大对党的思想路线进一步作出了明确的规定:"坚持解放思想,实事求是。党的思想路线是一切从实际出发,理论联系实际,在实践中检验真理和发展真理。全党必须依据这条思想路线,积极探索,大胆试验,创造性地开展工作,不断研究新情况,总结新经验,解决新问题,在实践中丰富和发展马克思主义。"党的十八大通过的党章中也指出:"坚持解放思想,实事求是,与时俱进,求真务实。党的思想路线是一切从实际出发,理论联系实际,实事求是,在实践中检验真理和发展真理。全党必须坚持这条思想路线,积极探索,大胆试验,开拓创新,创造性地开展工作,不断研究新情况,总结新经验,解决新问题,在实践中丰富和发展马克思主义,推进马克思主义中国化。"[1]统观历次修改后的党章,核心要义中的实事求是、积极探索、开拓创新的实践观点引领我们大胆进行改革。进入新时代,世情、国情、党情不断发生着变化,对于改革中遇到的问题,必须"坚持党的思想路线,必须更加科学地把握理论与实践的关系,以实践创新带动理论创新,以理论创新引领实践发展;必须始终坚持马克思主义理论精髓,把握时代发展特点,在解释、解答和解决世情、国情、党情的新机遇和新挑战的伟大实践中作出新的理论概括;必须继续保持昂扬向上的精神状态和与时俱进的本质规定,使党永远获得蓬勃发展、不可战胜的力量源泉"[2]。党的十八大以来,在实事求是思

---

① 《中国共产党章程》,北京:人民出版社,2012年版,第18页。

② 陈麟辉:《共产党人的看家本领》,上海:上海人民出版社,2019年版,第149页。

想路线指引下,以习近平同志为核心的党中央,立足当代中国新的历史方位,聆听时代声音、回应时代课题,开创了习近平新时代中国特色社会主义事业新局面。

中国共产党团结带领全国各族人民不懈奋斗,实事求是地认识和分析世界各国发展的特点及总结我国社会发展的经验、问题和特色,把握时代矛盾的特点,推动我国经济实力、科技实力、国防实力进入世界前列,推动我国国际地位实现前所未有的提升;党的面貌、国家的面貌、人民的面貌、军队的面貌、中华民族的面貌发生了前所未有的变化,在解放思想中大胆实践,在大胆实践中不断创新,在不断创新中谋求人民幸福和中华民族的伟大复兴,中华民族以崭新的姿态屹立于世界的东方。

(二)勇闯新路是中国共产党不断走向发展壮大的重要保障

习近平总书记曾指出:"创新是一个民族进步的灵魂,是一个国家兴旺发达的不竭源泉,也是中华民族最鲜明的民族禀赋。"[①]中国共产党正是依靠创新才走到了今天,以井冈山为起点,开创出一条区别于苏联的农村包围城市、武装夺取政权的革命道路。这一伟大创举拉开了将党的工作重心从城市转移到农村的序幕,点燃了中国革命的星星之火,使中国革命由失败走向成功。正如习近平总书记所指出的:"我们是历史唯物主义者,要认识到没有继承,就没有发展;没有创新,就没有未来。必须始终坚持在继承中创新,在创新中发展。一方面,对过去既定的目标任务和行之有效的决策部署,都要继续坚持,扎实推进。决不能为了所谓的'政绩',一件事还没落实,又要朝令夕改。我们现在的所有工作,都是站在前人的肩膀上来进行的。另一方面,要着眼于当今时代的发展变化,运用理论创

---

① 《习近平会见嫦娥三号任务参研参试人员代表》,《中国航天》,2014 年第 2 期。

新的最新成果,不断推进制度创新、科技创新、文化创新以及其他各方面的创新,不断完善已有的东西,不断开创新的局面。朝令夕改是有害的,故步自封也是一种失职。"[①]

1.创新推动中国共产党革命、建设和改革伟大事业的发展

从中国共产党领导中国革命、建设和改革的长期实践来看,作为一个有着一百多年历史的政党,能历经磨难而不衰,能始终站在时代的潮头引领人民前行的一个重要原因就是不断创新。党的发展历程中始终贯穿着创新的实践,极大地推动了党的各项事业的发展。勇于创新已成为几代中国共产党人的不懈追求。党立足于中国国情,将马克思主义基本原理与中国革命、建设和改革的实际情况相结合,与中华优秀传统文化相结合,形成了具有中国特色的社会主义理论体系与制度,推进了中国革命、建设和改革伟大事业的发展。

新民主主义革命初期,中国共产党因十月革命的成功,受到了"城市中心论"的影响,发动了一系列城市武装起义,这一时期的中国共产党领导发动的武装起义多达上百次,遍及10多个省140多个县,但大多都遭到了失败,这种盲目借鉴布尔什维克的模式,并没有使共产党走向革命的成功。当然,失败是成功的沃土,面对失败的教训,以毛泽东为主要代表的中国共产党人开始反省探索。他们冲破了教条主义的束缚,没有拘泥于别国的传统模式,把马克思列宁主义基本原理与中国革命的具体实际结合起来,在敌强我弱的情况下,上山下乡,深入敌人统治薄弱的农村建立革命根据地,开展游击战争,实行土地革命,保存和壮大革命力量,将革命的中心由城市转向农村,探索出了一条适合中国国情的农村包围城市、武装夺取

---

① 习近平:《干在实处　走在前列——推进浙江新发展的思考与实践》,北京:中共中央党校出版社,2014年版,第79页。

政权的革命道路。这一创新丰富和发展了马克思主义的革命学说。习近平总书记在 2016 年的"七一"重要讲话中强调指出:"没有先进理论的指导,没有用先进理论武装起来的先进政党的领导,没有先进政党顺应历史潮流、勇担历史重任、敢于作出巨大牺牲,中国人民就无法打败压在自己头上的各种反动派,中华民族就无法改变被压迫、被奴役的命运,我们的国家就无法团结统一、在社会主义道路上走向繁荣富强。"①

新中国成立初期,我国开始向社会主义过渡。党依据我国国情,从实际出发,创造性地提出了社会主义过渡时期的总路线,这不仅是对马克思列宁主义关于向社会主义过渡的理论作出的重大创新,还保证了我国在确立社会主义制度过程中稳定且持续发展。对此,习近平总书记认为,它的提出"完成了中华民族有史以来最为广泛而深刻的社会变革,为当代中国一切发展进步奠定了根本政治前提和制度基础,为中国发展富强、中国人民生活富裕奠定了坚实基础,实现了中华民族由不断衰落到根本扭转命运、持续走向繁荣富强的伟大飞跃"②。党的十一届三中全会开启了我国改革开放的新时期。这一时期最为鲜明的特点就是邓小平提出并实施了改革开放新理念、新实践。改革开放离不开创新的推动,"30 多年的创造性实践,每前进一步都是一个创新。我国的改革从农村建立家庭联产承包责任制起步,推进城市经济体制的改革,形成公有制为主体、多种所有制经济共同发展的基本经济制度,成功实现了从高度集中的计划经济体制到充满活力的社会主义市场经济体制的伟大转变。

---

① 习近平:《在庆祝中国共产党成立 95 周年大会上的讲话》,《人民日报》,2016 年 7 月 2 日。
② 习近平:《在庆祝中国共产党成立 95 周年大会上的讲话》,《人民日报》,2016 年 7 月 2 日。

在深化经济体制改革的同时,我国不断推进政治体制、文化体制、社会体制以及其他各方面的改革,创新出了顺应时代发展、符合中国国情的体制机制"[1]。

中国共产党人勇闯新路,根据不同时期的实际情况结合马列主义,不断地进行丰富和发展,从实践创新升华到理论创新、制度创新,形成了毛泽东思想和中国特色社会主义理论体系。中国特色社会主义理论体系,包含了邓小平理论、"三个代表"重要思想、科学发展观在内的科学理论体系,是对马克思列宁主义、毛泽东思想的坚持和发展。党章明确提出:"改革开放以来我们取得一切成绩和进步的根本原因,归结起来就是:开辟了中国特色社会主义道路,形成了中国特色社会主义理论体系,确立了中国特色社会主义制度。全党同志要倍加珍惜、长期坚持和不断发展党历经艰辛开创的这条道路、这个理论体系、这个制度、这个文化,高举中国特色社会主义伟大旗帜。"[2]

2.党的创新是全方位的创新

中国共产党取得今天的成就来源于不断创新。历届中国共产党领导人通过自己的创新思维,将马克思主义基本原理与中国的实际情况相结合,走出了一条适合自己的带有中国特色的革命、建设和改革之路。为了支撑和实现党的各项路线、方针与政策,在国家层面构建起了一套涵盖经济、政治、文化、军事、外交、社会和党的建设以及其他各方面的创新体系,如农村革命根据地建设、统一战线、新民主主义理论、家庭联产承包责任制、社会主义市场经济、科教兴国战略、实现祖国和平统一的"一国两制"方针、多边外交互利共赢

---

① 杨会清:《传承红色基因　做合格共产党员》,南昌:江西人民出版社,2016年版,第127页。

② 《中国共产党章程》,北京:人民出版社,2012年版,第6页。

的和平发展道路、以改革创新精神推进党的建设等等。不仅如此，党内层面对创新始终保持高度重视。早在1992年，党的十四大第一次将"创新"写入党章，即"在社会主义建设中艰苦创业，开拓创新，做出实绩"。在此基础上，党的十七大党章中明确提出"建设创新型国家"，提出要"以改革创新精神全面推进党的建设新的伟大工程"，整体推进党的思想建设、组织建设、作风建设、反腐倡廉建设、制度建设，全面提高党的建设科学化水平，其中，最为强调的是理论创新。

"中国共产党之所以能够完成近代以来各种政治力量不可能完成的艰巨任务，就在于始终把马克思主义这一科学理论作为自己的行动指南，并坚持在实践中不断丰富和发展马克思主义。"①正是因为中国共产党构建了一套独具中国特色的创新体系，才能有力地推动着中国革命、建设和改革与时俱进，获得成功。为此，习近平总书记强调指出："创新是引领发展的第一动力，抓创新就是抓发展，谋创新就是谋未来。"②实践发展永无止境，认识真理永无止境，创新也永无止境。各级党员领导干部一定要勇于实践、勇闯新路，把握时代发展要求，不懈探索和把握中国特色社会主义规律，永葆党的生机活力，永葆国家发展动力，在党和人民创造性实践中奋力开拓中国特色社会主义更为广阔的发展前景。③

---

① 习近平：《在庆祝中国共产党成立95周年大会上的讲话》，《人民日报》，2016年7月2日。

② 习近平：《实施更加积极的创新人才引进政策》，《中国人才》，2015年第7期。

③ 杨会清：《传承红色基因　做合格共产党员》，南昌：江西人民出版社，2016年版，第130页。

五、清正廉洁，无私奉献

清则心境高雅，清则正气充盈，清则百毒不侵，清则万众归心。每个共产党员都应该懂得，只有各级组织和广大党员干部真正做到了"清正廉洁"，党才能真正赢得群众的支持和拥护。清正廉洁是中国共产党人的高尚品格，也是中国共产党能够战胜一切困难的无上法宝。"中国共产党党员永远是劳动人民的普通一员。除了制度和政策规定范围内的个人利益和工作职权以外，所有共产党员都不得谋求任何私利和特权。"[1]习近平总书记要求全体共产党员要"始终在党爱党、在党为党，心系人民、情系人民，忠诚一辈子，奉献一辈子"[2]。作为无产阶级政党，廉洁奉公，勤政为民，为党和人民的事业鞠躬尽瘁、死而后已的奉献精神是共产党人先进性和纯洁性的重要体现，也是共产党人永远不变的政治本色。

（一）清正廉洁是中国共产党人的政治本色

中国共产党在领导中国革命和建设、改革的过程中不懈地同各种腐败现象作斗争，坚决把清正廉洁写在自己的旗帜上，形成了艰苦奋斗、廉洁奉公的优秀传统。早在革命战争年代，中国共产党就认识到党内队伍清正廉洁的重要性，成为衡量党员是否合格的一个重要标准。毛泽东对腐败的危害有着深刻的认识，他于1929年12月起草的"古田会议"决议案中就有有关廉洁奉公的内容；红军长征之前，在苏区开展了声势浩大的以肃清贪污浪费、官僚主义为主要内容的廉政运动。毛泽东明确指出："对苏维埃中贪污腐化的分子，

---

① 《十二大以来重要文献选编》（上册），北京：人民出版社，1986年版，第58页。

② 习近平：《在党爱党在党为党　忠诚一辈子奉献一辈子》，《光明日报》，2015年7月2日。

各级政府一经查出,必须给以严厉的纪律上的制裁。谁要隐瞒、庇护和放松对这种分子的检查与揭发,谁也要同样受到革命的斥责。"①他认为,身为一名共产党员,对工作的态度应是"十分廉洁、不用私人、多做工作、少取报酬的模范"②。新中国成立前夕,《共同纲领》中明确规定:"中华人民共和国的一切国家机关,必须厉行廉洁的、朴素的、为人民服务的革命工作作风,严惩贪污,禁止浪费,反对脱离人民群众的官僚主义作风。"③在毛泽东看来,始终保持清正廉洁是中国共产党人的最大特点和最优秀品质,充分体现了共产党人清正廉洁的政治本色。新中国成立后,毛泽东不断强调党要进行廉政建设,要将中国人民的利益和全心全意为人民服务放在全党工作的突出地位。以毛泽东同志为核心的党的第一代中央领导集体始终注意弘扬清风正气,积极防止、坚决清除贪污腐化现象,使中国共产党在扫除旧社会的污泥浊水、保持党和国家机关清正廉洁方面,取得了举世公认的成就。

党的十一届三中全会以后,邓小平秉持着"一手抓改革开放,一手抓惩治腐败"的要求,认为全体党员及党的领导干部在改革开放新形势下,必须发扬党的勤俭节约、艰苦奋斗等优良传统,自觉抵制各种不正之风。他清醒地认识到廉洁政治与改革开放同样重要,强调:"要坚持两手抓,一手抓改革开放,一手抓打击各种犯罪活动。这两只手都要硬。打击各种犯罪活动,扫除各种丑恶现象,手软不得。"④他深刻地反思了中国共产党执政以来遭遇的各种问题与挫折,认为越是集中力量发展经济,越是加快改革开放步伐,就越要加

---

① 《毛泽东著作专题摘编》(下),北京:中央文献出版社,2003年版,第2139页。

② 《毛泽东选集》(第2卷),北京:人民出版社,1991年版,第522页。

③ 《建国以来周恩来文稿》(第1册),北京:中央文献出版社,2008年版,第360页。

④ 《邓小平文选》(第3卷),北京:人民出版社,1993年版,第378页。

强党风廉政建设,严肃整顿党内的各种不正之风。以江泽民同志为主要代表的领导集体承接"反腐接力棒",在邓小平反腐倡廉思想的基础上,强调必须坚持不懈地进行廉政建设和反腐败斗争,并相继在党的十五大、十六大报告中把反腐倡廉提升到"关系到党的生死存亡"的高度。他指出:"腐败现象是侵入党和国家机关健康肌体的病毒。如果我们掉以轻心,任其泛滥,就会葬送我们的党,葬送我们的人民政权,葬送我们的社会主义现代化大业。"①"人心向背,是决定一个政党、一个政权兴亡的根本性因素。政风廉洁,从来是赢得民心,实现政治清明、社会安定繁荣的重要一环。"②共产党的全部活动都是为了保护和实现广大人民群众的利益。如果不注意加强党同人民群众的联系,不注意克服脱离群众的现象,听任腐败现象蔓延,处于执政地位的共产党就会蜕变,丧失人心,从而最终丧失政权。同时,江泽民还提出了标本兼治、综合治理、从源头上预防和治理腐败的思路,反复提醒各级领导班子和领导干部要带头廉洁自律,坚持讲学习、讲政治、讲正气,要求加强党员马克思主义理论学习,树立正确三观,从思想上切断腐败的源头。进入新世纪新阶段,以胡锦涛同志为主要代表的党中央继承这一"反腐接力棒",赋予了反腐倡廉在新的时代背景下的新内涵。胡锦涛在党的十七大报告中首次提出"反腐倡廉建设"这一重要概念。把反腐倡廉提高到"建设"的高度,并将其与党的思想建设、组织建设、作风建设、制度建设列为党的建设的重要内容,这是党反腐倡廉理论与实践的重大创新。他以"标本兼治、综合治理、惩防并举、注重预防"为方针,以"建立健全与社会主义市场经济体制相适应的教育、制度、监督并重的惩治和预防腐败体系"为手段,将党的反腐倡廉工作提上了一个新的台阶。

---

① 《江泽民文选》(第 1 卷),北京:人民出版社,2006 年版,第 319 页。
② 《江泽民文选》(第 3 卷),北京:人民出版社,2006 年版,第 185 页。

党的十八大以来，面对复杂局势，坚决反对腐败、建设廉洁政治，保持党的肌体健康，始终是中国共产党一贯坚持的鲜明政治立场。习近平总书记多次发表关于反腐倡廉的重要讲话，明确指出："'清廉'是官德的内在要求。共产党的干部就是要严于律己，廉洁奉公，一身正气，两袖清风，清清白白做'官'，堂堂正正做人，坚持高尚的精神追求，永葆共产党人的浩然正气。"①在改革开放进入深水区和攻坚期的关键时刻，必须把反腐倡廉建设提高到新的战略高度。对此，他强调："党风廉政建设和反腐败斗争，是党的建设的重大任务。"②"如果管党不力、治党不严，人民群众反映强烈的党内突出问题得不到解决，那我们党迟早会失去执政资格，不可避免被历史淘汰。这决不是危言耸听。"③在反腐倡廉、建设廉洁政治的实践中，党中央改进作风，加大力度严惩腐败，以坚定不移的反腐决心还民众以信心。他明确要求"把党风廉政建设和反腐败斗争提到关系党和国家生死存亡的高度来认识"④，所以必须"坚持党要管党、全面从严治党，强化党对党风廉政建设和反腐败工作统一领导，强化反腐败体制机制创新和制度保障，加强思想政治教育，严明党的纪律，坚持不懈纠正'四风'，保持惩治腐败高压态势，努力取得人民群众比较满意的进展和成效"⑤。习近平总书记对反腐倡廉思想的继承与丰富，充分彰显出了共产党人清正廉洁的政治本色，想要稳固党的执政之基，就必须坚定不移地坚持和砥砺清正廉洁的这一优良

① 习近平:《用权讲官德　交往有原则》,《求是》,2004 年第 19 期。

② 《习近平谈治国理政》,北京:外文出版社,2014 年版,第 385 页。

③ 《习近平总书记系列重要讲话读本》,北京:学习出版社、人民出版社,2014 年版,第 157 页。

④ 中共中央纪律检查委员会、中共中央文献研究室编:《习近平关于党风廉政建设和反腐败斗争论述摘编》,北京:中央文献出版社、中国方正出版社,2015 年版,第 5 页。

⑤ 《习近平谈治国理政》,北京:外文出版社,2014 年版,第 393 页。

政治本色。

(二)无私奉献贯穿于中国共产党的整个奋斗历程

天下兴亡,匹夫有责。自古以来,许多仁人志士、英雄豪杰都把为国为民无私奉献当作人生最大、最高、最美好的理想和事业,并为之付出一切。一百年来,中国共产党始终坚守着自己的初心和使命——为中国人民谋幸福,为中华民族谋复兴,发扬无私奉献的精神,在领导中国革命、建设和改革伟大事业的历史进程中,不断取得一个又一个胜利。中国共产党一百多年的奋斗史,就是忠实无私地为人民利益而奋斗的历史,党的无私奉献精神贯穿于党的整个奋斗历程,并体现出鲜明的时代性。

1.没有革命先辈的无私奉献,就没有新中国的成立

鸦片战争后,中国陷入了半殖民地半封建社会的深渊。为了改变祖国的境遇和命运,不少仁人志士投身于国家救亡图存的事业之中,他们的反抗从未停歇,但是这些斗争都先后失败了。直到十月革命一声炮响,给我们送来了马克思主义,中国共产党也应运而生。以李大钊、毛泽东、朱德、周恩来、刘少奇、方志敏等为代表的中国共产党人,在艰难的奋斗历程中为党的发展无私奉献,为实现中华民族的独立和国家的解放殚精竭虑,终于建立起了由人民当家作主的无产阶级专政的社会主义国家。

"生命诚可贵,爱情价更高,若为自由故,两者皆可抛。"出身于华侨商人家庭的陈铁军,在"五卅"运动革命浪潮的冲击下,她由一个追求个人上进的大学生,转变为关心国家、民族前途并积极参加进步活动的革命者,于1926年加入了共产党。1927年,蒋介石在上海发动"四一二"反革命政变后,白色恐怖笼罩着广州。这时党派她协助中共广州市委工委书记周文雍同志工作。因为工作需要,他们假称夫妻,秘密进行革命活动。一方面掩护党的机关,一方面准

备广州起义。对党的忠诚,对人民的热爱,工作上的互相帮助和生死与共的斗争,把这两个年轻人紧紧地联系在一起,他们逐渐萌发了真挚的爱情。1927 年广州起义失败后,他们继续在广州坚持地下斗争。由于叛徒的出卖,两人同时被捕入狱。在狱中,他们不屈不挠,坚持斗争。周文雍在墙上写下了这样的诗篇:"头可断,肢可折,革命精神不可灭。壮士头颅为党落,好汉身躯为群裂!"1928 年2 月 6 日,周文雍和陈铁军被敌人押上刑场,两位烈士态度从容,昂首挺胸,高唱《国际歌》。在广州红花岗刑场上,陈铁军向周围的群众宣布:"我们要举行婚礼了,让反动派的枪声来作为结婚的礼炮吧!"①他们置人生中最美好的爱情和生命于不顾,选择为党牺牲自我,慷慨就义!

中国人民革命军事博物馆里有这样两件并列在一起的书信展品,一封是丈夫写给妻子的遗书,一封是这位妻子写给自己刚出生不久的孩子的遗嘱。写信人就是陈觉和赵云霄。陈觉原名陈炳祥,1903 年生,湖南醴陵人,1925 年加入中国共产党。赵云霄又名赵凤培,1906 年生,河北阜平人,1925 年加入中国共产党。陈觉、赵云霄作为先进的中国青年,于 1925 年冬进入莫斯科中山大学学习,在学习期间两人结为夫妻,1927 年一道回国参加革命。1927 年 9 月,赵云霄随陈觉到湖南醴陵参加了秋收起义,不久他们被调回湖南省委机关,组建湘南特委。1928 年 4 月,由于叛徒告密,他们分别被敌人逮捕。反动当局对他们进行了多次审讯,残酷折磨,但他们宁死不屈,表现了共产党人的高尚气节。1928 年 10 月 14 日,陈觉在长沙牺牲。陈觉烈士牺牲前在给爱妻的遗书中说:"云! 谁无父母,谁无儿女……我们正是为了救助全中国人民的父母和妻儿,所以牺牲

---

① 《在敌人刑场上举行革命者婚礼的周文雍和陈铁军》,《人民日报》,2005 年 4 月 3 日。

了自己的一切。我们虽然是死了,但我们的遗志自有未死的同志来完成。"1929年3月24日,赵云霄给不到半岁的女儿留下了最后的遗嘱:"小宝宝,我很明白地告诉你,你的父母是个共产党员……我不能抚育你长大,希望你长大时好好读书,且要知道你的父母是怎样死的。……望你好好长大成人,且好好读书,才不辜负你父母的期望。"26日,赵云霄给襁褓中的女儿喂了最后一次奶,然后镇定地走向刑场,牺牲时年仅23岁。① 两封书信,句句带血,行行沾泪,但是却没有对死亡的恐惧,有的也只是两位革命烈士对中国共产党的坚定信仰及高尚伟大的无私奉献精神。在那严酷的革命战争年代,许许多多的革命烈士为国家和人民献出了自己的生命。据不完全统计,为了建立新中国,全国有名可查的烈士达370余万人,仅在北伐战争、土地革命战争和抗日战争时期,战场上牺牲的就达76万人,其中32万人是共产党员。周文雍、陈铁军、陈觉和赵云霄等人就是为中国人民的解放事业而无私奉献的光辉典范。

2.无私奉献精神在和平建设时期得到进一步发扬

新中国成立后,党的历史方位发生了根本转换:不再需要面临血雨腥风、白色恐怖、炮火连天的革命战争,而是处于亟待国家建设事业发展的和平时期;不再是为生存拼搏的革命党,而是掌握全国执政资源的执政党。对于新形势的变化,无私奉献精神还能不能得到继承和发扬,是摆在刚刚走向执政地位的中国共产党人面前的新课题。在新的历史方位下,共产党人在无私奉献的精神传统中交出了合格的答卷。

焦裕禄,1946年1月加入中国共产党。1962年12月,被调到当时饱受风沙、盐碱、内涝之患的老灾区兰考县任县委第二书记。

---

① 《陈觉、赵云霄烈士的热血真情》,《湘潮》(下半月),2016年第4期。

焦裕禄踏上兰考土地的那一年冬天,正是这个地区遭受连续 3 年自然灾害较严重的一年,全县粮食产量下降到历年最低水平。他从第二天起,就深入基层调查研究,他说:"吃别人嚼过的馍没味道。"拖着患有慢性肝病的身体,在一年多的时间里,他跑遍了全县 140 多个大队中的 120 多个。在带领全县人民封沙、治水、改地的斗争中,焦裕禄同志身先士卒,以身作则;风沙最大的时候,他带头去查风口,探流沙;大雨瓢泼的时候,他带头蹚着齐腰深的洪水察看洪水流势;风雪铺天盖地的时候,他率领干部访贫问苦,登门为群众送救济粮款。他经常钻进农民的草庵、牛棚,同普通农民同吃同住同劳动。他把群众同自然灾害斗争的宝贵经验一点一滴地集中起来,成为全县人民的共同财富,成为全县人民战胜灾害的有力武器。焦裕禄对同志对人民满腔热情,他常说,共产党员应该在群众最困难的时候出现群众的面前;在群众最需要帮助的时候去关心群众、帮助群众。他的心里装着全县的干部群众,唯独没有他自己。他经常肝部痛得直不起腰、骑不了车,即使这样,仍然用手或硬物顶住肝部,坚持工作,直至被县委同事强行送进医院。1964 年 5 月 14 日,焦裕禄被肝癌夺去了生命,年仅 42 岁。他临终前对组织唯一的要求,就是希望"组织上把我运回兰考,埋在沙堆上,活着我没有治好沙丘,死了也要看着你们把沙丘治好"。焦裕禄心里装着群众,却没有自己。但人民永远不会忘记这位不为名、不为利、不怕苦、不怕死的人民好干部。他以实际行动展现了共产党人的高尚情操,展现了他廉洁奉公、勤政为民,为党和人民事业鞠躬尽瘁、死而后已的奉献精神。习近平总书记说:"焦裕禄精神说到底就是无私奉献精神,就是心中装着全体人民，唯独没有他自己。"①焦裕禄身上体现的无私奉献精神，就是一个共产党员精神境界的真实写照。他们有的只是默默地无私奉献，同样续写了一篇篇感天地泣鬼神的无私奉献精神之歌，铸就了一座座丰碑！他们犹如一把把耀眼的火炬，鼓舞着人们为建设祖国贡献自己的力量；在他们身上，人们无不感受到一种美德、一种崇高的境界、一种无形的力量。20 世纪 50 年代是极不寻常的时期，面对当时严峻的国际形势，一大批怀揣报效祖国决心的科学家排除千难万险回到了祖国。钱学森、钱三强、李四光、邓稼先、郭永怀等 2500 多名旅居海外的专家、学者和优秀留学人员回归祖国，毅然抛弃了在国外优越的生活和工作条件，把他们的后半生与祖国命运紧密地联系在了一起。在当时国家经济、技术基础薄弱和工作条件十分艰苦的情况下，自力更生、发愤图强，完全依靠自己的力量，用较少的投入和较短的时间，突破了原子弹、导弹和人造地球卫星等尖端技术，取得了举世瞩目的辉煌成就，为我国事业的发展和建设做出了重大贡献。2011 年 1 月 27 日，习近平总书记在看望广大航天工作者时指出"'两弹一星'精神激励和鼓舞了几代人，是中华民族的宝贵精神财富"②。

---

① 《习近平如何要求"中办"：胸怀大局　极端负责》，人民网，2014 年 7 月 17 日，http://politics.people.com.cn/n/2014/0717/c1001-25295733.html，访问日期：2023 年 5 月 5 日。

② 《习近平看望三位著名科学家并向他们致以新春祝福》，中国政府网，2011 年 1 月 26 日，http://www.gov.cn/ldhd/2011-01/26/content_1793254.htm，访问日期：2023 年 5 月 5 日。

第二章　福建红色文化的基因密码

　　红色文化作为植根于中华民族沃土的先进文化,是中国共产党人政治理想、爱国情怀、价值观念和道德诉求的集中体现。中国的红色文化在中国革命、建设和改革的各个历史阶段都发挥了难以估量的重要作用。福建就是一个红色经典之地,波澜壮阔的中国共产党历史不仅赋予了古田、长汀、漳州、宁化、三明、上杭、才溪等地一个个红色经典称号,而且也造就了福建红色文化独具魅力的红色基因密码,凝聚了彪炳千秋的古田会议精神、才溪乡调查精神、苏区精神和长征精神等。具体来说,与其他地区的红色文化相比较而言,福建红色文化以其资源的丰富性、分布的广泛性、内容的原创性和历史的时代性已成为福建红色文化基因密码的丰厚历史底蕴。

一、福建红色文化资源的丰富性

　　福建是文化资源大省。红色文化、绿色文化、古色文化,像一颗颗璀璨的明珠,遍布八闽大地,绽放出耀眼的光彩,释放出迷人的魅力,其中红色文化尤为突出。福建红色文化资源的丰富性来源于厚重的革命历史,"福建是著名的中央苏区和革命老根据地,是中国工农红军的创建地之一,是中央苏区的核心区域之一,中央苏区鼎盛时期的 60 多个县,福建有 30 多个;福建是中央红军长征出发地之一,中央红军长征后,是红军游击队坚持南方三年游击战争的支撑地之一,全面抗战爆发后国共两党合作,新四军成立时占总数一半的红军游击队是从福建出发北上抗日的。福建人民为中国革命的胜利付出了重大牺牲,作出了重大贡献,赢得'红旗不倒'的赞誉。在长期的革命斗争中毛泽东、周恩来、朱德、刘少奇、彭德怀、陈毅、叶剑英以及张鼎丞、邓子恢、谭震林、方志敏、滕代远、黄道、叶飞等老一辈无产阶级革命家在这里留下了众多的革命遗址和文物"①。福建全省共有 37 个中央苏区县,即龙岩市的新罗区、长汀县、连城县、上杭县、永定区、武平县、漳平市(7 个);三明市的建宁县、泰宁县、宁化县、清流县、明溪县、沙县、将乐县、永安市、三元区、梅列区、尤溪县、大田县(12 个);南平市的武夷山市、光泽县、邵武市、建阳区、浦城县、松溪县、政和县、顺昌县、延平区、建瓯市(10 个);漳州市的平和县、诏安县、南靖县、漳浦县、云霄县、芗城区、龙海市、华安县(8 个)。还有 4 个视同中央苏区县:泉州市的安溪县、南安市、永春县、德化县(4 个),以及 11 个比照享受中央苏区县:宁德市的福安市、福鼎市、蕉城区、寿宁县、霞浦县、周宁县、柘荣县、屏南县、古田县(9 个);福州市的连江县、罗源县(2 个),合计有 52 个县级行政区域是革命老区和根据地,占据了福建省大部分面积,在全国原中央苏区县中占比相当之高。

红色文化遍布八闽大地,全境都分布着红色的痕迹,"福建具有厚实的红色文化底蕴,闽西龙岩尤甚。第二次国内革命战争时期,中国共产党较早在闽西创建了著名的革命老区,是当年中央苏区的'半壁江山',是新中国诞生的'血色摇篮',是毛泽东思想的初步形成地,是古田会议的召开地,是红军长征最远的出发地。闽西有几十万人参加革命,成立和组建了 5 个军的红军部队,在举世闻名的

---

① 刘传标:《福建红色文化保护、传承与弘扬的若干建议》,《学术评论》,2017 年第 4 期,第 72 页。

二万五千里长征中,每一华里就有一位闽西子弟兵倒下,2016年热播的电视剧《绝命后卫师》真实还原了当时当年的情况;中国人民解放军十大元帅中的9位、十位大将中的8位在闽西战斗、生活过;1955年至1964年授衔的开国将军中福建省共有83位将军榜上有名,而闽西就占了71位,成为全国著名的'红军之乡''将军之乡'。闽西人民为新中国的建立作出了巨大牺牲和重大贡献,毛泽东、朱德、周恩来、刘少奇、邓小平等一大批当代中国先进文化的缔造者和传播者长期生活战斗在闽西,他们创造、传播的先进文化与闽西本土的客家文化、传统文化又一次相互激荡、相互濡染,在血与火的洗礼中孕育形成了独具特色、辉煌灿烂的福建红色文化。"

"闽西红色文化资源中的全国重点文物保护单位、全国重点烈士纪念建筑物保护单位集中在新罗区(龙岩市政府所在地)、古田镇(上杭县)、新泉镇(连城县)、汀州镇(即长汀县政府所在地),它们恰好分布在走向一致的赣龙铁路、龙长高速公路(国家高速G76)、319国道沿线上,是闽西红色文化资源分布的主轴线。也正因为这条红色文化资源线的重要性,它被列入了2004—2010年国家红色旅游发展的一期规划中,成为全国30条'红色旅游精品线路'之一;包括上杭县古田会议旧址、毛泽东才溪乡调查纪念馆,长汀县福建省苏维埃旧址、福音医院旧址、县革命委员会旧址,红四军司令部、政治部旧址,中共福建省委旧址,福建省职工联合总工会旧址,瞿秋白烈士纪念碑等在内的龙岩市红色旅游系列景区(点),被列入全国100个'红色旅游经典景区'中。其中,'毛泽东才溪乡调查纪念馆'所在地——上杭县才溪镇,与连城县新泉镇相邻(沿205国道相距26公里),也在这条闽西红色文化资源主轴线上。"

"闽北南平是'红旗不倒'的革命老区,全境'一片红',市辖10个县(市、区)均属于原中央苏区县、革命老区县,在中国近代史和革命史上留下了不可磨灭的光辉业绩。大革命时期,闽北就是福建最早建党的地区之一,1926 年 7 月成立的中共建瓯支部,是闽北地区第一个中共组织,也是福建省最早建立地方党组织的四个地方之一(另外三地是福州、厦门和莆田)。土地革命战争时期,闽北是一块相对独立的根据地,建立有完整的党组织、苏维埃政权和正规的工农红军,先后隶属于赣东北(闽浙赣)苏区和中央苏区。抗日战争时期,闽北红军游击队整编为新四军北上抗日,中共福建省委长期坚持战斗在闽北。解放战争时期,闽北是闽浙赣边区游击战争的指挥中心,解放福建的前进基地。""闽北还拥有大量的红色领导人足迹和红色人文史料。周恩来、朱德、彭德怀、毛泽民、方志敏、邵式平、黄道等革命领导人都曾到过光泽县指导革命斗争,开展革命活动。光泽县至今还保留了当年红军的文物,包括生活用品、武器、红军标语等。邵武市现有迹可寻的革命遗址有邵光县革命委员会旧址(国家级文物保护单位),红军临时指挥部(省级文物保护单位),以及包括中共福建省委旧址纪念碑、金坑区苏维埃政府旧址、东方县苏维埃政府旧址、金坑红军桥、闽赣省革命委员会邵式平住处旧址、上岚区苏维埃政府旧址、中央红军上岚第十八兵站旧址等 22 处革命遗迹。""闽赣省作为中央苏区的东北屏障,是连接中央苏区和赣东北苏区的重要纽带和通道,是永远不能放弃的'中央苏区的战略钥匙',在中央苏区的巩固和发展中地位举足轻重,意义不言而喻。无论从地理环境还是从政治、军事影响等方面来看,其作用非同一般。闽赣省的党组织建设、政权建设、武装斗争、根据地各项建设,都对中央苏区作出了突出的贡献。特别是第五次反'围剿'中,闽赣省军民大力配合主力红军作战,'扩红'支前、筹粮筹款,做出了极大的努力。闽赣省地方武装积极开展游击战争,进行较大规模的战斗 80多次,有力地打击了反动武装的进攻,对保卫苏区起了重要作用。

在主力红军长征前的准备阶段,闽赣省苏区又牵制了国民党军4个师的兵力,直接为红军的战略大转移赢取了宝贵时间,提供了各种支援和掩护。""三明是著名的革命老区,全域属原中央苏区范围。中央红军自1929年入三明驻扎时间长达5年,留下红色文化遗址遗迹353处。目前,全市列入文物保护范围的红色文化遗址共有229处,其中全国重点文物保护单位1处、省级文物保护单位31处、县(区)级文物保护单位127处、第三次全国不可移动文物普查文物登记点70处。"①因此,红色文化无疑是福建文化体系中最为重要的部分,"三分天下有其一"。

古田、长汀、宁化、龙岩、上杭、漳州、才溪等地因其拥有众多的革命遗址、遗物,是福建红色文化最为富集的物质承载和现实反映,集中展现了老一辈无产阶级革命家和无数革命先烈为了民族独立、人民解放和国家富强进行的艰苦奋斗和做出的英勇牺牲,具有重要的历史见证价值、文明传承价值和思想教育价值。"红色文化遗址是一种不可再生的资源,加强红色文化遗址的保护和重点建设,是红色文化传承创新的基础性工程。"②

对于红色文化的内涵,学界多有论述,普遍认同为:从不同层面去理解会有不同的定义,"在大多数中国人看来,红色象征着进步、革命。在18世纪法国大革命中,'红色'开始与革命联系起来,具有进步的意蕴。俄国十月革命后'红色'开始成为'革命''共产党''社会主义'的代名词,比如'红军''红旗''红色中华''红色中国'等……红色文化是新民主主义革命时期中国共产党人和革命群众

---

① 曲鸿亮:《福建红色文化:历史、现状与思考》,《福建论坛(人文社会科学版)》,2017年第7期,第38~42页。

② 王建南:《福建红色文化读本(大学版)》,福州:福建人民出版社,2021年版,第10页。

共同创造的文化遗产,从表现形态上是物质文化、精神文化、行为文化和制度文化的有机统一体。物质形态的红色文化是指红色文化的有形物质载体,一般包括三个方面:革命遗物、遗址、遗迹等历史遗存,纪念碑、纪念馆、纪念堂等纪念场所,文献史料等信息载体。精神形态的红色文化是指革命战争年代形成的各种崇高的精神、价值观和深邃的思想理论,它是红色文化的核心和灵魂。行为形态的红色文化是指中国共产党领导人民群众所开展的革命斗争的历史以及在革命斗争实践中形成的优良传统和作风。制度形态的红色文化是指党领导人民群众所制定的制度规范和法律法规"①,从组成方面来看,红色文化可以理解为中国共产党在争取民族独立和解放的实践中创造的物质、制度和精神三方面的成果。在物质方面表现为革命时期以来的红色标语、歌谣、革命遗址、纪念碑等。在制度方面表现为中国共产党制定的方针、政策、路线、理论等。例如,"福建不仅有着如火如荼的革命斗争历史,给人们留下永恒的历史记忆,而且也诞生了党的重要思想理论。毛泽东等老一辈无产阶级革命家曾经在福建战斗过,他们深刻总结福建革命斗争的宝贵经验,艰辛探索中国革命道路,并从理论上进行深刻总结。毛泽东在闽西期间撰写了《中国共产党红军第四军第九次代表大会决议案》《星星之火,可以燎原》《反对本本主义》《才溪乡调查》《关心群众生活,注意工作方法》《红军第四军前委给中央的信》《给林彪的信》《从蛟洋到达汀州后给中央的信》等8篇文稿……毛泽东在闽西期间撰写的一系列光辉著作,是毛泽东思想初步形成的重要标志。其中《中国共产党红军第四军第九次代表大会决议案》确立了中国共产党思想建党、政治建军的根本原则;《星星之火,可以燎原》深刻阐述了农村

---

① 王建南:《福建红色文化读本(大学版)》,福州:福建人民出版社,2021年版,第3页。

包围城市、武装夺取政权的中国革命道路理论;《反对本本主义》提出了党的实事求是的思想路线;《关心群众生活,注意工作方法》《才溪乡调查》等形成了党的群众路线思想。毛泽东上述著作及其重要思想,是毛泽东从中国革命斗争的实际出发,突破党内盛行的对苏联经验盲目迷信的探索成果"①。在精神方面则表现为中国共产党人的信仰、精神、价值观等,如"福建具有深厚的革命精神,孕育了苏区精神、古田会议精神、才溪乡调查精神、永安抗战精神等一系列红色精神,不仅在中国共产党革命精神史上独树一帜,而且成为我们今天凝心聚力的强大精神支柱"②。

纵观福建红色文化资源,无论是在物质、制度还是精神等诸多层面,都有其丰富的创见;不论是红色歌谣、红色戏剧、红色报刊,还是红色标语漫画、红色典章制度、红色人物等,都特别富有特色且影响深远。"土地革命战争以前,龙岩的《岩声》报风行国内十数省及国外的新加坡、仰光、吕宋、槟榔屿等地;土地革命战争时期,闽西苏区各级党委的《红旗》《红报》,以及大量以'青年''列宁青年'等命名的共青团报刊,在整个中央苏区都有重要影响;抗战时期,永安的《老百姓》《现代文艺》《改进》成为响彻东南的抗敌号角。在文化艺术创作方面,毛泽东在闽西留下《清平乐·蒋桂战争》《采桑子·重阳》《如梦令·元旦》《蝶恋花·从汀州向长沙》等诗词名篇;毛泽东起草的《红军第四军司令部布告》《红军纪律歌》以及瞿秋白撰写的《狱中题照》等,都是中国红色文化史上的经典之作;福建红色艺术家黄亚光等为中华苏维埃共和国设计纸币和邮典;抗战时期,福州

---

① 王建南:《福建红色文化读本(大学版)》,福州:福建人民出版社,2021年版,第7页。

② 王建南:《福建红色文化读本(大学版)》,福州:福建人民出版社,2021年版,第8页。

聚集了郁达夫等著名左翼进步文化人士,积极宣传国防文学、动员民众抗战;三明永安迎来了王亚南等近百位著名专家、学者,使这座小城成为与重庆、桂林遥相呼应的中国抗战文化中心。在教育事业方面,闽西、闽北苏区开展了卓有成效的教育实践,涌现了一批名动一时的教育机构,如著名的初级模范小学——宁化县淮阳乡第一列宁小学,中国最早的红军学校——闽西苏区红军学校,以及毛泽东亲自指导建立的中央苏区第一所看护学校——长汀中央看护学校等;开展了许多集政治、军事、体育、娱乐为一体的大型运动会,上杭县才溪的儿童在 1933 年 5 月 30 日'中华苏维埃共和国五卅运动会'上荣获'将来主人翁'称号。在医疗卫生事业方面,傅连暲主持下的长汀福音医院,为中国红色医疗卫生事业的发展作出奠基性贡献。"①以上概括来说,就是福建红色文化资源的丰富性,体现在以下几个方面:"首先是红色区域的多样性。闽西、闽中、闽东、闽南、闽北在不同历史时期都有着光荣的革命传统,留下了独特的红色文化。……其次是红色内涵的多样性。福建红色历史人物中,既有同国民党反动派展开公开武装斗争的伟大人物,又有党的秘密战线的杰出代表。……再次,红色斗争形式的多样性。福建人民具有英勇的斗争精神,在福建这片红土地,运用各种各样的形式在各条战线上开展了不屈不挠的斗争,写下了许多可歌可泣的英雄故事。……此外,在秘密战线上,除了蔡威、吴石等杰出英雄之外,党在国民党监狱中还开展了震惊全国的崇安赤石暴动和厦门破狱斗争并取得胜利。"②所有这些,不只是福建革命历史的缩影和见证,更是福建

---

① 王建南:《福建红色文化读本(大学版)》,福州:福建人民出版社,2021 年版,第 8 页。

② 王建南:《福建红色文化读本(大学版)》,福州:福建人民出版社,2021 年版,第 14 页。

红色文化资源丰富性的鲜明写照,共同构成了独特而丰富的福建红色文化资源。

瞿秋白烈士纪念碑(谢建平　摄)

二、福建红色文化分布的广泛性

红色的福建,犹如一个没有围墙的革命历史博物馆,红色文化资源在全省各地均有分布,表现出种类齐全、数量众多、分布广泛的显著特征。种类齐全,表现在福建红色文化遗址的类型多种多样,省内存在着众多的新民主主义革命时期重大历史事件和重要组织旧址、纪念馆、纪念碑和纪念陵园、人物故居(旧居)等 4 种类型,[①]其种类之全,全国罕见。数量众多,则是在各个县市均有分布,表现在"福建红色文化遗址数量众多,资源丰富,位列全国前茅。在新民主主义革命时期,福建全省 84 个县(市、区)中,老区苏区县(市、区)就有 70 个;全省有 3600 多个革命基点村一直坚持革命斗争到全国解放,赢得了'红旗不倒'的赞誉。因此全省 2502 处(个)红色文化

---

① 王建南:《福建红色文化读本(大学版)》,福州:福建人民出版社,2021年版,第 261 页。

遗址不仅分布范围广,所有地市、区县均有分布,而且内涵丰富,级别很高,共有全国重点文物保护单位 9 处、省级文物保护单位 89 处(个)"①。至于分布广泛,则表现在苏区范围内分布的全域性,"闽西无疑是全省的主要苏区,但在闽北、闽南、闽东都有一定规模的苏区。就当时的行政区划言,达到了近 30 个县。像这样遍及全省的苏区,在全国除江西、湖南、湖北外,就数福建了。所以,福建苏区的第一个特点是具有全域性"②。与此同时,也表现在时间分布的广泛性上,福建红色文化从大革命时期到解放战争时期都有所涉及,"从时间分布看,福建红色文化遗址以土地革命时期最为丰富,抗日战争时期次之,国民革命时期和解放战争时期较少。其中,抗日战争前的红色文化遗址共有 1474 个,占总数58.91%;抗日战争时期的红色文化遗址共有 243 个,占总数 9.71%;解放战争时期的红色文化遗址共有 346 个,占总数 13.83%。这种时间分布与福建省革命历史进程紧密相关,土地革命战争时期是福建新民主主义革命史上最值得浓墨重彩书写的历史时期。特别是闽西地区,作为原中央苏区的重要组成部分,不仅涌现出一批党史著名人物,而且许多老一辈无产阶级革命家曾在闽西地区开展革命活动,留下丰富的红色文化遗址。同时也要看到,不同地区的红色文化遗址在时间阶段上也有差异。比如闽西地区的红色文化遗址大部分是土地革命时期的产物,而闽东地区和闽南地区的红色文化遗址则以抗日战争时期最富特色"③。

---

① 王建南:《福建红色文化读本(大学版)》,福州:福建人民出版社,2021 年版,第 254 页。

② 石仲泉:《修好福建苏区党史,弘扬苏区红色文化》,《福建党史月刊》,2017 年第 6 期,第 11～16 页。

③ 王建南:《福建红色文化读本(大学版)》,福州:福建人民出版社,2021 年版,第 7 页。

福建红色文化遗址"整体上表现出大分散、小聚集,散中有聚,聚中有散的空间特点,全省9个地级市均有红色文化遗址的分布;同时,在各地市中,不同区县的红色文化遗址分布也不均衡,有散有聚。如果以空间集中分布来看,那么全省红色文化遗址可分为三大区域:第一,闽北红色文化遗址分布区,包括南平市全境和三明市部分县域,主要包括建宁、泰宁、将乐、顺昌、邵武、建瓯和武夷山等。第二,闽东红色文化遗址分布区,包括宁德市、福州市和莆田市全境,其中心包括福州市区、宁德福安和莆田市区。第三,闽西南红色文化遗址分布区,包括泉州市、厦门市、漳州市全境和龙岩市的部分区域"①。其中尤以古田、长汀、宁化、龙岩、上杭、才溪等地为资源富集区,遗址踪迹类红色文化资源、建筑与设施类红色文化资源、重要革命历史文物、重要文艺作品等资源多有分布且较为集中。

古田会议旧址群资源的富集程度在全国实属罕见,拥有极为深厚的红色文化底蕴。"古田会议是在福建苏区召开的,古田会议决议是毛泽东主持制定的。中国共产党自1921年成立后,尽管制定了党的纲领,多次修订党章,但如何从中国实际出发,将中国共产党建设成为马克思主义先进政党的问题没有解决。1927年党领导南昌起义,有了自己的军队,但如何建设一支党领导的人民军队来贯彻执行党的路线问题也没有解决。古田会议决议根据农村和红军中党组织的具体情况,创造性地运用马列主义党的建设理论和军队建设理论,既初步回答了在党员队伍以农民成分为主体的情况和革命战争十分残酷的条件下,如何着重从思想上组织上作风上建设党以保持无产阶级先锋队性质;又初步解决了党对军队的绝对领导原则、坚持为人民服务的建军宗旨、建立政治工作制度、加强军队纪律

---

① 王建南:《福建红色文化读本(大学版)》,福州:福建人民出版社,2021年版,第7页。

等人民军队建设的一系列根本问题。因此,它是中国共产党的第一个思想建党、政治建军纲领,是福建苏区第一块红色文化金字品牌。"①

长汀革命旧址群,"它包括辛耕别墅、福音医院、中共福建省委旧址(中华基督教堂)、省苏维埃政府旧址、云骧阁(长汀县革命委员会旧址)等。毛泽东、朱德率领红四军下井冈山,在赣南艰苦转战,经过革命挫折的低谷时期后,在 1929 年 3 月中旬第一次来到长汀,就将司令部、政治部设在辛耕别墅。毛泽东主持召开前委扩大会议,制定了开辟闽西、赣南苏区的战略方针,此后就摆脱了在赣南的危险境遇。福音医院长期为红军服务,1929 年 3 月红军到长汀后,毛泽东等领导干部在此治病疗养。1932 年 10 月中旬,宁都会议上毛泽东被免去红一方面军总政委后,来此休养了 4 个月。随后,根据毛泽东建议,全院迁瑞金,改名中央红色医院,成为中央苏区的中心医院。中共福建省委旧址,过去是中华基督教堂。1932 年春,在此设中共福建省委机关;4 月初,毛泽东率东路军到此召开部署攻打漳州的军事会议,时任苏区中央局书记周恩来赶来参加会议。会后,毛泽东率军去攻打漳州,周恩来留驻这里负责支援前线和指导省委工作。省苏维埃政府旧址,原为清代的汀州试院,1932 年 3 月在此召开全省第一次工农兵代表大会,宣告成立福建省苏维埃政府,即福建省苏。这是中央苏区内与江西省苏并驾齐驱的省级苏维埃政权。云骧阁虽然是一座古建筑,但它之所以能成为国保单位,是因为朱毛红军在 1929 年 3 月打下长汀后在此成立了福建苏区第一个县级红色政权——长汀县革命委员会,其影响大于其他县级革命委员会,长汀能成为中央苏区经济中心与此有密切关系。长汀革

---

① 石仲泉:《修好福建苏区党史,弘扬苏区红色文化》,《福建党史月刊》,2017 年第 6 期。

命旧址群的红色文化底蕴异常深厚,长汀因此被誉为'红色小上海'"①。

三明市的宁化县,具有中央红军长征出发地旧址、闽赣省军区司令部旧址、红军后方医院旧址群、宁化革命纪念馆等红色文化遗址。"龙岩是著名的革命老区、原中央苏区的核心区域、彪炳千秋的古田会议的召开地、毛泽东思想的初步形成地,也是红军长征出发地之一,是红军的故乡、将帅的摇篮,有着'二十年红旗不倒'的光辉历史。全市有革命遗址 410 处,其中全国革命文物保护单位 6 处24 个点,省级革命文物保护单位 22 处,县级革命文物保护单位 249处,可移动馆藏革命文物 34272 件(套)。遍布龙岩、各具特色的红色文化遗存,蕴含着中国共产党团结带领各族人民艰苦奋斗、勇于牺牲、敢于胜利的革命精神和厚重的红色历史文化内涵,具有红色基因的本质特征和鲜明烙印。"②

其中的上杭县,有汀属八县社会运动人员养成所旧址、南阳会议旧址、溪口革命旧址群、检田红色交通站旧址、临江楼(毛泽东旧居)、陈丕显故居、刘忠故居、罗舜初故居、袁子钦故居、王直故居、王胜故居、王贵德故居、王集成故居、刘永生故居、邱子明故居、李平故居、陈茂辉故居、陈海涵故居、黄炜华故居、黄鹄显故居、邓六金故居、吴富莲故居、古田会议纪念馆、毛泽东才溪乡调查纪念馆。

"毛泽东对福建苏区人民感情深厚。他在开辟、发展和巩固中央苏区时期,曾九到上杭,三进才溪。在中央苏区五六年间,他九次到一个县,三次进一个乡,这可能是唯一的。瑞金是苏区首府,常住

---

① 石仲泉:《修好福建苏区党史,弘扬苏区红色文化》,《福建党史月刊》,2017 年第 6 期。

② 翁远新、吴友林、李小健:《龙岩人大:传承红色基因　弘扬红色文化》,《中国人大》,2021 年第 15 期。

那里自不必说。除瑞金外,他去兴国较多,也只有七次,不及上杭。他先后三次到一个乡做调查,也只有才溪。《才溪乡调查》与同一时期在兴国做的《长冈乡调查》齐名,为姊妹篇。毛泽东为什么三进才溪调查研究呢?因为才溪乡是先进典型,它的革命发展是中央苏区的光荣代表。它既是民主建政和'扩红'运动的模范,又是农业生产发展和文化教育普及的模范。毛泽东高度称赞才溪乡'组织了全乡群众的生活,经济上的组织性进到了很高的程度,成为全苏区的第一个光荣的模范'。1933 年 7 月,福建省苏维埃政府授予才溪'福建的第一模范区'称号。4 个月后的 1933 年 11 月,毛泽东在兴国长冈乡调查后第三次来到才溪乡调查。这两次调查都是为了第二年一月召开第二次全国苏维埃代表大会作报告做准备的。《才溪乡调查》全面总结了才溪乡苏维埃工作的成绩和经验,回答了在革命战争环境下进行根据地建设的必要性和可能性这个重大问题,为加强根据地建设、组织扩大生产、改善苏区群众生活提供了实际指导。这篇调查报告是毛泽东的群众路线观的生动体现,是 10 年后在延安提出的从群众中来、到群众中去的群众路线理论的一个重要源头。它对于研究毛泽东的群众路线思想具有重要意义。这是福建苏区红色文化的光辉结晶。"①

福建全省 84 个县中有 70 个老区县,其中原中央苏区县 37 个。龙岩市长汀县、三明市宁化县,均为红军长征的出发地。"福建是中央红军长征前最后的主战场。1934 年 9 月 23 日,松毛岭战役打响,这是第五次反'围剿'中主力红军进行的最后一仗。29 日,朱德向在前线作战的红三、红九、红一军团下达了撤出战场的命令。红九军团从松毛岭保卫战撤出后,集结在长汀县钟屋村,

---

① 石仲泉:《修好福建苏区党史,弘扬苏区红色文化》,《福建党史月刊》,2017 年第 6 期。

于 10 月 7 日奉命向古城、瑞金方向开进。自此率先踏上了长征路,因此钟屋村也被称为万里长征第一村。"①全省登记在册的革命(红色)文物 962 处,其中原中央苏区革命(红色)文物 518 处,且大多革命旧址已被开辟为各级爱国主义教育基地。与此同时,福建省域内还有众多的红色歌谣与红色故事,至今仍然在八闽大地乃至广袤中国流传。

"1928 年初,福建人民在中国共产党的领导下开始用武装斗争的形式,进行创建革命根据地的斗争。土地革命打碎了封建枷锁,工农群众的思想觉悟空前提高。他们创作了大量的红色歌谣。它由群众自编自唱,无需排练,可以自由地发挥,充分地表达自己的感情。因此,它得以广泛地流行且在群众中产生了很大的影响。在闽西产生了一批富于革命鼓动性的红色歌谣,其内容大多倾向于控诉社会黑暗,提示工农群众生活的痛苦及其出路,鼓励人民团结奋斗,向帝国主义和封建反动统治阶级展开斗争,如《穷人叹》《工人苦》《农民苦》等。其中以永定县中共早期领导人阮山创作的《救穷歌》等一批红色歌谣流传最广。这首歌谣控诉了旧社会'青天白日太不公''无钱之人永世穷'的悲凉,宣扬'赤色区域似神仙''工农自己抓政权'的美好前景,号召穷苦人民团结奋斗,摧毁旧世界,建设新社会。"②这些物质资源和文化资源共同构成福建的红色文化资源,其分布的广泛性可见一斑。

---

① 吕静:《福建红军长征精神的历史体现与现代传承》,《中国民族博览》,2017年第 6 期。

② 王子韩:《略论福建苏区红色歌谣的创作及其特色》,《福建广播电视大学学报》,2010 年第 3 期。

福建省苏维埃政府旧址(谢建平　摄)

三、福建红色文化内容的原创性

福建红色文化是新民主主义革命时期形成的一种独特人文资源,是红色文化资源的重要组成部分,它包含了见证革命历程的革命遗存,更承载了凝聚其中的革命精神,其核心就是古田会议精神、才溪乡调查精神、苏区精神及长征精神。古田会议精神是其中最为耀眼的篇章。

1929年12月,毛泽东起草的《古田会议决议》指出"不相信人民群众的力量"是单纯军事观点的重要根源,发展下去便有走到脱离群众,沦为旧军阀的危险。为此,《古田会议决议》强调指出:"红军的打仗,不是单纯地为了打仗而打仗,而是为了宣传群众、组织群众、武装群众,并帮助群众建设革命政权才去打仗的,离了对群众的宣传、组织、武装和建设革命政权等项目标,就是失去了打仗的意义,也就是失去了红军存在的意义。"①这段话鲜明指出了"红军的根本目标不是打仗而是为了群众,深刻阐明了党的军事工作中的群众观点"②。群众路线对中国共产党之所以特别重要,是与中国革命长期处于艰苦卓绝的环境有关的。在强大敌人包围的严酷斗争中,红军要生存、要打赢,就必须赢得群众的支持,重视做群众工作,注意工作的方式方法就显得特别重要。在闽西革命根据地时期,群众路线已被看作是一种区别于官僚主义的领导方法和优良作风。

至于才溪乡调查的重要性在党史中也多有提及,"毛泽东在闽西基层调查的经典事例是才溪乡调查。根据上杭才溪乡群众吴吉清回忆,毛泽东同志一行人在闽西才溪乡开展调查研究工作时,'每到一个村庄,都住在贫雇农家里,和群众同吃同住。并且每天都是黎明即起,带着我们下地去帮助群众生产,从来不允许村苏维埃政府对他的生活有一点特殊照顾','每到一个村庄,都必先访问干部,访问群众。而且在问干部,问群众时,一问不明再问,追根究底地问,直到把情况彻底问明白为止'。毛泽东同志在上杭才溪乡深入群众调查研究期间,十分关注乡苏政权建设、群众生产生活、农业生产、合作社、文化教育等有关方面情况,并总结了根据地建设和革命斗争的经验,之后撰写了《才溪乡调查》(原题为《乡苏工作的模范——才溪乡》)。毛泽东同志在闽西注重调查研究的生动实践,为共产党人开展实践调查研究树立了光辉的典范。"③

诞生于革命战争年代的苏区精神,"是指第二次国内革命战争时期,中国共产党领导人民建立革命根据地过程中形成的革命精

① 《毛泽东选集》(第1卷),北京:人民出版社,1991年版,第86页。
② 汪炜伟主编:《福建红色文化的历史与传承》,北京:中央编译出版社,2020年版,第45页。
③ 汪炜伟主编:《福建红色文化的历史与传承》,北京:中央编译出版社,2020年版,第45页。

神,是中华民族精神的重要组成部分"①。闽西革命根据地是中央苏区的重要组成部分,广大闽西苏区党员干部和人民群众为苏区精神的形成做出了重要贡献。同样的是,伟大长征及其精神与福建密不可分,"红军长征有非常丰富的内涵,外部既面临恶劣的自然环境,又面临国民党反动派的围追堵截,内部还包含多种思想的斗争,红军长征过程中遇到的各种困难是难以想象的,爬雪山、过草地、摆脱国民党反动派的围追堵截。红军长征时自身的力量与国内国外反动势力的力量对比是悬殊的,在这种情况下,要取得红军长征的胜利,首先必须坚定党的信仰,这是红军长征精神的根本要义"②;"福建省是红军长征的重要出发地和重要的途经地,尤其是闽西地区为红军提供了人力支持和战略物资的后备支持,福建人民和福建子弟兵以其无私的付出、顽强的坚持、伟大的牺牲,为长征胜利做出了杰出贡献"③。这些精神要素生动记录了中国共产党人艰苦卓绝的革命斗争历程,表现了共产党人一心为民的崇高理想,反映了福建人民在中国共产党的领导下自觉丰富红色文化内容的首创精神,是福建红色文化在内容"生产"上具有原创性的独特体现。

当然,福建红色文化事业蓬勃发展也反映了在内容"产出"上的原创性,"福建红色文化事业是新民主主义革命时期中国共产党领导下的福建文学、艺术、教育、新闻、出版、卫生、体育等事业的总称。福建红色文化事业发轫于五四时期。经过土地革命战争时期、抗日战争时期和解放战争时期的发展,内容和形式不断丰富,影响日益

---

① 王建南:《福建红色文化读本(大学版)》,福州:福建人民出版社,2021年版,第98页。

② 吕静:《福建红军长征精神的历史体现与现代传承》,《中国民族博览》,2017年第6期。

③ 吕静:《福建红军长征精神的历史体现与现代传承》,《中国民族博览》,2017年第6期。

深远,成为中国共产党领导广大人民群众在福建传播马克思主义、开展反帝反封建斗争的有力武器"①。底色鲜亮的文化事业,在福建这片红土地上,有着来自铁屋子里的呐喊,更有着绵绵不断的文化薪火。红色基因种子发育于福建近代反帝反封建运动浪潮中,"五四运动期间,福建一些进步青年开始创办新报刊、创作新文艺、传播新书籍,研究和传播革命思想。1921 年 7 月中国共产党成立后,福建红色文化事业有了坚强的领导力量。土地革命战争以前,福建红色文化事业主要体现为创办报刊、传播书籍、创作文艺,目标集中在宣传马克思列宁主义,传播和阐释中国共产党的路线方针政策,介绍革命斗争形势,揭露和抨击帝国主义和封建势力的黑暗统治"②。

为了配合大革命宣传,福建红色报刊事业获得了蓬勃发展。"为配合大革命的政治形势,中共福建党、团及相关组织创办了不少红色刊物。其中有 1925 年共青团福州支部创办的《工农之友》、福建青年社创办的《福建青年周刊》、福建涤社创办的《涤之》周刊,以及中共厦门党组织领导下的《工人之路》;1926 年共产党员朱铭庄等主编的《福建新农民》周刊;1927 年国民党福建省党部筹备处宣传委员会创办的《革命先锋》周报、《民声》旬刊社创办的《民声》旬刊,以及陈明主编的《福建评论》,等等。在这些报刊中,《革命先锋》《福建评论》影响较大,是中国共产党在福建进行理论宣传,反击国民党右派的重要舆论阵地。其中,《革命先锋》主办者虽为国民党福建省党部,实际由中国共产党控制。该报曾出版'列宁号',发表中

---

① 王建南:《福建红色文化读本(大学版)》,福州:福建人民出版社,2021 年版,第 195 页。

② 王建南:《福建红色文化读本(大学版)》,福州:福建人民出版社,2021 年版,第 195 页。

共早期马克思主义理论家瞿秋白的《列宁主义概论》,以及《列宁略传》《认清列宁》《我是第一次纪念列宁》《把列宁主义的精神应用到福建现环境》《民族革命主张里列宁与孙中山共通之点》等文章。该报还积极宣传孙中山的新三民主义,旗帜鲜明地批判国民党右派背叛孙中山'联俄、联共、扶助农工'三大政策的反动行径。"①、

　　苏区时期福建红色事业也开展得如火如荼,"大革命失败后,在中国共产党的领导下,福建革命形势蓬勃发展,尤其在闽西相继发生多场暴动,建立了红色革命政权。1929年春天以后,随着毛泽东、朱德率领红四军入闽,福建革命形势进一步高涨。1930年在朱毛红军支持下,闽西苏维埃政府正式成立,闽西革命根据地基本形成。此后不久,闽北、闽南、闽东等革命根据地也纷纷建立。福建各地苏维埃政府和革命根据地的创建与发展,为福建红色文化事业的发展繁荣创造了前提条件"②。

　　以上概括来说就是在福建这片红土地上,有着原创的思想理论和实践探索,"中国共产党思想理论发展史一些重要概念是在福建革命斗争的实践中率先提出的,或者是在总结福建革命历史经验的基础上提出的,在党的历史上起到引领作用,并且影响至今。比如,党的群众路线形成于土地革命战争时期,诞生在闽西革命根据地。在1929年中央九月来信以及12月底召开的古田会议及其决议中,'群众路线'概念在党的各项工作中已经得到多次使用,并且群众路线的核心要素在古田会议决议以及《关心群众生活,注意工作方法》《反对本本主义》等毛泽东在闽西时期的重要文献中已经提出,这些

---

　　① 王建南:《福建红色文化读本(大学版)》,福州:福建人民出版社,2021年版,第195页。
　　② 王建南:《福建红色文化读本(大学版)》,福州:福建人民出版社,2021年版,第205页。

标志着党的群众路线已经初步形成。'党内生活'概念的最初提出和比较成功的探索也是在福建。在毛泽东起草的古田会议决议中，他首次提出'党内生活科学化'这一党的建设重要命题。决议针对农村环境下党内存在的主观主义、极端民主化、无原则的批评等各种非无产阶级思想，明确提出要'教育党员使党员的思想和党内的生活都政治化,科学化'。同时,决议还进一步阐述了'政治化''科学化'的基本途径:进行充分的马克思列宁主义教育,使党员的思想政治化;重视调查研究,避免陷入主观主义和盲动主义;开展正确的批评与自我批评,以及'厉行集中指导下的民主生活',等等"①。福建红色文化的原创性在各个方面都体现得淋漓尽致,可谓集大成者之所在,在全国极为罕见。

上杭县古田会议旧址(谢建平　摄)

---

　　① 王建南:《福建红色文化读本(大学版)》,福州:福建人民出版社,2021年版,第12页。

毛泽东《星星之火，可以燎原》写作旧址协成店（谢建平　摄）

四、福建红色文化历史的时代性

福建红色文化历史具有鲜明的时代性特征，"福建红色文化的形成有着独特的历史条件和时代环境，植根于福建人民英勇的反帝反封建斗争，有着深厚的思想基础、实践基础和历史渊源"①，因而也决定了它们具有鲜活的时代意义和价值。

福建红色文化在革命斗争的实践基础上应运而生，展现着极大的魅力，"它是八闽大地英勇的革命群众所创造出来的一种崭新的文化形态。福建人民革命斗争经历了艰难曲折的过程，总趋势是在曲折中前进，在长期的革命斗争中，福建人民对民族解放事业做出了巨大的牺牲，全省为革命牺牲的革命群众达 10 多万人，死难的烈士有 5 万多人，他们所创立的历史功绩以及他们的光辉思想、崇高

---

① 王建南：《福建红色文化读本（大学版）》，福州：福建人民出版社，2021 年版，第 3 页。

品德和优良作风,已成为中国共产党宝贵的精神资源。同时,福建革命斗争实践的复杂性和多样化也孕育出丰富多彩的红色文化。福建人民的革命斗争既有公开的敌我之间的军事斗争,也有秘密战线惊心动魄的无声较量;既有如火如荼的苏区建设和治理,也有白色恐怖下的失败和牺牲;既有'分田分地真忙'的革命喜悦,也有抵制和纠正党内'左'倾教条主义的艰难斗争。建立在复杂性和多样性基础上的革命斗争实践,必然孕育出熠熠生辉的福建红色文化"①。

　　另外,福建红色文化还有着本土化——民族精神和地域文化的传承,"任何一种文化现象都不是无源之水、无根之木。福建红色文化不是凭空产生,而是继承了中华民族5000多年来形成的优秀民族精神,特别是近代以来福建人民反抗外敌侵略和封建压迫的革命精神。鸦片战争以来,西方殖民者野蛮地打开了中国的大门,地处东南沿海的福建,成为西方殖民者最早进行侵略掠夺的省份之一。随着帝国主义列强在经济、政治、军事、文化等方面全方位侵略的不断加深,福建同全国其他省份一样逐步沦为半殖民地半封建社会,广大人民群众陷入悲惨的境地。但是,正如毛泽东所指出,哪里有压迫,哪里就有反抗。从鸦片战争到中国共产党诞生之前这一段时期,福建人民开展了不间断的反帝反封建的英勇斗争,沉重打击了西方殖民者和本国反动统治阶级,显示出福建人民的伟大力量和革命传统,为中国共产党领导福建人民进行革命运动奠定了良好的群众基础和思想基础。同时,福建历史悠久、地域独特,经过长期的历史积淀和演化,形成了客家文化、闽东文化、闽南文化等丰富多彩的地域文化。优秀的地域文化孕育了革命的思想,培植了革命的火

---

　　① 王建南:《福建红色文化读本(大学版)》,福州:福建人民出版社,2021年版,第3页。

种,与福建革命传统和革命文化有机融合、传承创新,形成了具有福建特色的红色文化"①。

当然,遍布福建红色土地的众多革命战争遗迹、革命文物等等,始终见证着那段永恒的红色历史,诉说着那段可歌可泣的峥嵘岁月。可以说,福建红色文化见证了"没有共产党就没有新中国"的伟大历史征程。"为补充在'围剿'中损失的兵力,同时为中央红军的战略大转移做准备。1934年5月中华苏维埃共和国临时中央及中革军委决议开展扩红运动,发出在1934年5、6、7月三个月扩大红军5万名的要求。在此影响下,福建各地积极响应党中央和中央军委的号召,掀起了轰轰烈烈的扩红运动。在福建,尤其是在闽西地区,人们纷纷抛弃'好男不当兵'的旧观念,争先恐后地加入红军。母亲们送儿当红军,妇女们送丈夫上前线,兄弟相争当红军,姑娘们劝哥'赶快报名上前方'的典型事例和动人事迹在'扩红'过程中不断涌现。从长征出发时的8.6万红军中,福建子弟兵将近3万人,约占总数的1/3。正是由于福建人民纷纷参军,继而为了顺利进行战略转移提供了人力基础。福建子弟兵大力发扬无畏无惧的革命精神,用巨大的牺牲为长征的胜利做出了宏伟的贡献。"②据不完全统计,福建全省为革命牺牲的老区群众和死难烈士达20余万人(其中仅龙岩市经民政部确认的在册革命烈士就有23650名,无名英雄不计其数)。被毁灭的革命基点村达2841个,被拆毁、烧毁或被迫并村而倒塌的房屋共45万多间,被杀害群众达42万多人,被抢耕牛5万多头。福建的长汀县、宁化县是中央主力红军二万五千里

---

① 王建南:《福建红色文化读本(大学版)》,福州:福建人民出版社,2021年版,第5页。

② 吕静:《福建红军长征精神的历史体现与现代传承》,《中国民族博览》,2017年第6期。

长征的两个始发地。红军胜利到达陕北时,近 3 万名福建子弟仅剩下 2000 余人。因此,一部福建红色文化史不仅记载了福建人民倾其所有支援战争,为中国革命所作出的巨大奉献和牺牲,更忠实地见证了中国共产党为人民利益而不断努力奋斗的光辉历史。

闽西革命老区是"红军之乡""将军摇篮",涌现了许多的红色历史人物,"历史人物是红色文化的创造主体。福建红色文化既是福建人民浴血斗争的历史结晶,更是以中国共产党人为代表的民族脊梁追求真理、敢于斗争的精神体现。在他们当中,有战斗在抗敌第一线的先锋斗士,有引领工农群众运动的开路先驱,有致力于苏维埃政权建设的红色楷模,还有坚定信仰、传播真理的红色战士等。他们用满腔的激情与热血,前赴后继地谱写了福建儿女敢为人先、为民请命的英雄赞歌。他们的革命事迹、思想境界和精神情操,反映了近代中国人民反帝反封建的历史主题,叩响了中华民族伟大复兴的时代脉搏,至今仍然催人奋进"①。在长期艰苦卓绝的革命斗争中,福建涌现出一大批杰出的革命前辈。福建红色历史名人群体遍布党的革命工作的多个领域。习近平曾先后 19 次来到闽西,他指出,革命老区是党和人民军队的根,我们永远不能忘记自己是从哪里走来的,永远都要从革命的历史中汲取智慧和力量。老区和老区人民为中国共产党领导的中国革命作出了重大牺牲和贡献,我们要永远珍惜、永远铭记。

可以说,一部福建红色文化历史,既反映了党的早期革命奋斗历程,"20 世纪 20 年代的中国,内忧外患,积贫积弱。中国共产党的成立,给灾难深重的中国人民带来了光明和希望,从此中国革命

---

① 王建南:《福建红色文化读本(大学版)》,福州:福建人民出版社,2021 年版,第 134 页。

展开了反帝反封建的新篇章。福建革命是中国革命的重要组成部分,血与火浸染的闽山闽水,星火燎原,红旗不倒:中国土地革命在此发轫,建党建军纲领在此诞生,中央红军长征在此出发,东南抗战文化中心在此形成……在那段激情燃烧的岁月里,福建人民用生命和鲜血铸就了辉煌的历史丰碑,形成了彪炳史册的红色历史"①。在整个新民主主义革命时期,福建人民还表现出天下兴亡、匹夫有责的爱国情怀,视死如归、宁死不屈的民族气节,不畏强暴、血战到底的英雄气概,百折不挠、坚韧不拔的必胜信念。

　　福建红色文化蕴含着中国共产党人的高尚品格和道德情操,是集理想信念教育、爱国主义教育、道德品格教育、养成教育于一体的思想政治教育资源,同时又具有历史印证、精神滋润、道德教化、情感陶冶、行为矫正等特殊功能。历史是最好的教科书,也是最好的营养剂。让历史说话,用史实发言,福建红色文化鲜活的史实、厚重的历史,直戳虚无主义、利益至上、泛娱乐化等错误历史观的要害,有助于滋养大学生健康成才。② 近年来,中共福建省委教育工委确定了福建革命历史博物馆、古田会议纪念馆、毛主席率领红军攻克漳州纪念馆等首批 18 个省级高校思想政治理论课实践教学基地,建立了古田会议会址等 65 个省级大学生社会实践基地,确定了 5 个红色文化教育研究基地,推动全省高校思想政治理论课把课堂教学与实践教学相结合、红色文化教育与红色文化研究相结合,着力打造红色文化铸魂育人工程。

---

　　① 王建南:《福建红色文化读本(大学版)》,福州:福建人民出版社,2021 年版,第 21 页。

　　② 王建南:《福建红色文化读本(大学版)》,福州:福建人民出版社,2021 年版,第 298 页。

中央红军长征出发地旧址凤凰山（谢建平　摄）

从上述论述可得知,福建红色文化的时代性,在过去,饱含着从大革命时期到解放战争时期的红色记忆;在现在,可贵的精神遗产一直绽放光芒;在未来,依然会催人奋进,红色基因代代相传。"福建红色文化是革命战争年代,由中国共产党人、先进分子和人民群众共同创造并极具中国特色的先进文化,蕴涵着厚重的文化内涵和巨大的精神力量。新时代,挖掘福建红色文化资源,传承其创新意识、全局意识和坚守意识,将其内化为文化软实力,有助于更好地'坚持中国道路',更大地'弘扬中国精神'和更牢地'凝聚中国力量',对实现中华民族的伟大复兴具有重要的时代价值。"①

---

① 鄢姿:《福建红色文化的新时代价值探究》,《闽南师范大学学报(哲学社会科学版)》,2020年第3期。

第三章　八闽子弟的家国情怀

　　家国情怀,并不仅仅是人们在爱国爱家行动上的热爱之情。它们的背后,更蕴含与彰显着人们保家卫国的责任与担当,这是中华儿女们身上所流淌的高尚的精神热血。它们,警醒着我们珍惜家园、珍惜和平以及珍惜当下,是中华儿女勇于担当的精神灯塔。福建这片土地,是一片浸透先辈热血的红色土地,承载着福建人民敢于斗争、追求真理的爱国精神。八闽子弟多隽秀,他们是革命战争的先驱,他们是苏维埃政权建设的红色楷模,他们是抗日烽火的民族卫士,他们是救人民于水火的解放英雄……他们用满腔的激情与热血,前仆后继地谱写了福建儿女敢为人先、为民请命的英雄赞歌。他们的动人事迹和精神情操始终体现了对人民、对民族、对国家的深情厚爱,始终体现了不怕牺牲、英勇斗争的强大精神力量,激励着每一位中华儿女铭记历史,不忘初心、牢记使命!

一、胸有家国大爱的福建革命志士

　　辛亥革命对中国人的意义不言而喻,在这场中国"三千年未有之变局"中,福建籍子弟扮演了重要的角色。辛亥革命结束了中国两千多年的封建君主专制制度,推动中国社会取得极大进步,感召了无数海内外中华儿女为振兴中华而奋斗。其中,就包括了众多福建籍子弟,他们用生命铺垫了共和之路,以鲜血凝聚了辛亥闽魂。

参加广州黄花岗起义的 130 多人中,福建籍义士占 40 多人。起义中,福建革命志士也是冲在最前头,作战最英勇,牺牲最壮烈。当时黄兴赞叹道:"呜呼,闽友四十余人,战时无不以一当十。"黄花岗七十二烈士中,福建人有 19 个之多——林觉民、方声洞、冯超骧、罗乃琳、卓秋元、黄忠炳、王灿登、胡应升、林西惠、林尹民、林文、刘六符、刘元栋、魏金龙、陈可钧、陈更新、陈与燊、陈清畴、陈发炎,他们全部都是福建省福州人。

林觉民是一名辛亥革命中的福建籍烈士,很多人因为一封《与妻书》认识了他。这封与妻诀别书,字里行间,有对妻子的情深意长,更有舍身求仁的家国大义。

吾今以此书与汝永别矣!吾作此书时,尚是世中一人;汝看此书时,吾已成为阴间一鬼。吾至爱汝,即此爱汝一念,使吾勇于就死也。汝体吾此心,于啼泣之余,亦以天下人为念,当亦乐牺牲吾身与汝身之福利,为天下人谋永福也。

这是在中国近代史中一封著名的"情书"——《与妻书》,它作于 1911 年 4 月 24 日,作者为福建青年才俊林觉民。这不仅是一封感人至深的家书,也是一位福建热血青年对国家清澈的爱的告白书。"为天下人谋永福",书写了林觉民胸中有大爱的崇高品格。林觉民是从福建福州三坊七巷走出的伟大革命志士。三坊七巷中的杨桥巷 17 号,便是林觉民的故居。

林觉民

　　1900年,13岁的林觉民从三坊七巷走出,参加当年的童生考试。令人没想到的是,他竟然在考试试卷上留下了"少年不望万户侯"七个大字后,便掷笔而去。那是一个备受屈辱的时代,就在林觉民参加科举考试的那一年八月,八国联军攻入北京,烧杀抢掠,无恶不作。目睹了屈辱的一幕,林觉民痛心疾首。他告别妻子陈意映,前往日本学习。就在这个时候,他接触到了同盟会,里面所倡导的"驱除鞑虏,恢复中华"的宗旨深深吸引了他。

　　1911年1月底,同盟会在香港谋划发动广州起义。林觉民接受任务回到家乡福州,挑选一批敢死队员。为了让起义能够顺利进行,这位年轻人甚至在面对最亲密的爱人时,都没有透露半点口风。三个月后,林觉民带着二十多人告别三坊七巷前往香港。广州起义前,他抱着牺牲的决心,给家中的爱妻陈意映,写下名动全国的那封绝笔书——《与妻书》。这封绝笔书,饱含着林觉民对妻子的深情,更饱含着他的那份家国情怀。

　　因为我爱你,所以我希望你能够得到幸福、平安的生活,但是如果国破了,那么家也不存在了,我们就没有办法幸福地生活,天下千千万万的人家都不能团圆。既然如此,为了天下人都能够有个幸福的生活,那就牺牲我一个人,牺牲我们的家庭,去成全天下所有的家庭吧。这就是我对你的爱……

　　苟利国家生死以,岂因祸福避趋之。作为福建热血子弟中的一员,林觉民像他的先祖前辈一样,在小家和国家之间,作出了坚定的选择。广州起义失败后,林觉民受伤被俘,英勇就义,牺牲时年仅24岁。林觉民在此役之前写给妻子陈意映的诀别信《与妻书》,英雄本色与绕指柔情震撼人心,被后人称为"天下第一情书"。

　　其实,参加广州起义的许多骨干,都是与林觉民一样怀着必死的决心,留下绝命书而慷慨赴义的。黄花岗七十二烈士墓碑上第一

个名字即是福州烈士方声洞。1911年4月26日,起义前一天,方声洞写下《禀父书》绝笔。《禀父书》开篇即道:

> 父亲大人膝下:跪禀者:此为儿最后亲笔之禀,此禀果到家,则儿已不在人世者久矣。儿死不足惜,第(因)此次之事,未曾禀告大人,实为大罪。故临死特将其就死之原因为大人陈之。

此篇鸿文和林觉民《与妻书》开篇的相似度高达90%!之后的内容中,二人也都浓墨重彩地论述了抛家赴死的价值所在。林觉民在《与妻书》中写"为天下人谋永福",方声洞的《禀父书》也有"为四万万同胞求幸福"一语。同为绝笔信,在相同的情景之下,方声洞的《禀父书》与林觉民的《与妻书》,内容与结构都异曲同工。1911年4月27日,方声洞和林觉民等人猛攻入广东督署。激战中,方声洞中弹血流遍体,弹尽力竭而死,时年25岁。

可以说,在中国近代风起云涌的一百多年间,一大批如林觉民和方声洞一样的福建人始终站在历史的大舞台上,推动着这个古老的东方大国不断更新,奋勇向前。

二、六千闽西子弟血染湘江

福建是著名的革命老区,是原中央苏区的重要组成部分。"红旗跃过汀江,直下龙岩上杭,收拾金瓯一片,分田分地真忙。"毛泽东当年在福建闽西写下的这首宏伟诗篇,生动地描绘了创建中央苏区特别是福建苏区的波澜壮阔的历史画卷。福建是万里长征的起点,中央红军长征的重要出发地,也是红军长征胜利的战略基地。在这场人类历史上无与伦比的伟大壮举中,福建人民和福建子弟兵以其无私的付出,顽强的坚持,伟大的牺牲,为长征胜利作出了杰出贡献,用自己的生命和鲜血谱写了一曲惊天地、泣鬼神的不朽诗篇。

"湘江战役时,我带出的闽西子弟都牺牲了,我对不起他们和他们的亲人,要是带领他们过了湘江,征战到全国解放,说不定全国的将军县还会出在闽西,出在永定、龙岩、上杭……我这个将军是他们用鲜血换来的,我活着不能和他们在一起,死了也要跟他们在一起,这样我的心才能安宁。"

这是 1992 年 86 岁高龄的开国中将韩伟在弥留之际对儿子韩京京提出的"魂归闽西"的夙愿。在闽西革命公墓内安放着的 20 位将军中,韩伟是唯一一位非福建籍的将军。为什么韩伟将军一辈子都对闽西念兹在兹呢?那是因为他对闽西爱得深沉,对 6000 闽西子弟兵牺牲的场景终生难忘。

1934 年 10 月,第五次反"围剿"失败后,中央红军为了摆脱国民党的围堵追击,被迫实行战略性转移,开始了我们所熟知的"万里长征"。1934 年 11 月 29 日,中央红军两个纵队与中央红军主力抢渡湘江,红五军团第 34 师负责中央红军的后卫阻击任务。在这次湘江战役中,红 34 师经过四天五夜奋战,近乎全军覆没,血染湘江。红 34 师,就是由 6000 多闽西客家子弟兵组成的"绝命后卫师",主要由闽西游击队改编而建成,下属三个团,分别为 100、101、102 团。起初师长为周子昆,政委是谭震林,长征开始后,红 34 师师长更换为陈树湘,政委为程翠林。

值得一提的是 100 团,全团 1000 多人,几乎都是来自福建永定,被称为"客家军团"。团长韩伟,他是师长陈树湘的挚友,也是红 34 师在湘江战役后仅有的几名幸存战士之一。当时,韩伟率领的 100 团是绝命后卫师中"后卫中的后卫"。

1934 年 11 月 29 日,湘江战役打响,红 34 师作为后卫部队,在距离湘江 75 公里处设置防线阵地,以阻挡国民党联军对中央红军的"围剿"追击,为红军主力渡江争取时间。面对数倍于己的敌人,红 34 师在第一天就遭受猛烈攻击,全师 6000 多人锐减到 2000 多人。在如此困境之下,红 34 师死死守住阵地五天四夜,为红军主力渡江争取到了宝贵的时间。当他们接到"任务完成"的指令时,全师 6000 多人仅剩几百人,且弹尽粮绝。此时,红 34 师决定突围,并伺机强渡湘江。第 100 团作为掩护部队留守阵地,陈树湘带领红 34 师残部进行突围。"顶住敌人就是胜利",这是第 100 团的战斗口号。

第 100 团的阻击战打得十分惨烈,打到最后只剩下团长韩伟和十几名战士,他们边打边往山上退,直到山后的悬崖边上。为了不当俘虏,韩伟与战士们砸掉手中枪支,转身跳下了山崖。韩伟与其中两名战士因刮到树枝减缓冲击而幸免于难,然而在他们追赶部队途中又遇上敌军追击,另外两名战士光荣牺牲。

红 34 师主力残部在陈树湘带领下进行突围,他们决定翻越宝盖山,从凤凰嘴强行渡江。未曾想他们遭遇到敌军 43、44 师团的猛烈围攻,政委程翠林、政治部主任蔡中以及两名团长在此次战斗中牺牲。此时,红 34 师仅剩下 200 余人。此后,红 34 师又遇上数次遭遇战,并在 12 月 10 日遭遇江华县民团袭击,师长陈树湘腹部中弹。在此后数次民团的"围剿"下,陈树湘被俘。敌人想把陈树湘带回去邀功请赏,但是陈树湘不给他们机会,他忍着剧痛用手从伤口处把自己的肠子掏出来绞断了。就这样,红 34 师师长陈树湘壮烈牺牲,时年 29 岁。

绝命后卫师,曾被拍成电视剧与电影,其战况惨烈程度与红军战士的英勇奋战,让人潸然泪下。事实上,当初的惨烈程度比电视中所演绎的有过之而无不及。先辈们用鲜血铸造了红色中国，如今的盛况，也已如他们所愿。绝命后卫师，6000多闽西子弟兵血染湘江，用生命保卫了中央红军，他们书写了闽西人民的悲壮故事，也铸就了闽西人民的无上荣耀。虽然这些年轻的生命从此长眠异乡，但是他们身上的崇高品格令人敬仰！

三、从容赴义的"闽中五子"

撑起南方一片天——是福建三年游击战争残酷性、艰巨性及其巨大贡献性的鲜明写照。福建三年游击战争留下了宝贵的精神财富，是长征精神的重要组成部分，众多福建子弟为此付出了生命的代价。

鸡角弄，位于福州市西门外西洪路边，被称为"福州的雨花台"。这里兀立着一棵百年荔枝树，树下立有一块书写"缅怀"二字的石碑。在新民主主义革命时期，先后有180多位中国共产党优秀党员在这里英勇就义。1937年6月23日清晨，"闽中五子"王于洁、黄孝敏、潘涛、余长钺、陈炳奎，以共产党人视死如归的凛然正气，一块挺起胸膛，高唱《国际歌》，在这里从容就义。鸡角弄刑场，再次见证了中国共产党人坚定的理想信念和炽烈的家国情怀。

闽中多俊杰，五子最称贤。

骂贼敌庭上，壮烈死亦雄。

光辉昭日月，遗爱足世传。

后继齐努力，摧毁旧王朝。

每当读到时任中共福清县委副书记程序同志（原名陈振芳，新中国成立后历任福建省委书记、省人大常委会主任等职)的这首痛悼战友的诗,人们不禁忆起86年前,为了民族独立、人民解放不惜献出年轻而又宝贵生命的"闽中五子"王于洁、黄孝敏、潘涛、余长钺、陈炳奎五位烈士。由于叛徒出卖,闽中五位特委壮烈牺牲,给闽中革命斗争带来极大的损失。他们为闽中党组织的壮大和游击根据地的建设,奠定了坚实的根基,做出了不可磨灭的贡献。

1934年1月,十九路军"闽变"失败后,国民党政府加强了对福建的统治。1934年4月上旬,中共福州中心市委设在台江洋中亭的交通站被敌人破获,市委书记陈之枢等人被捕叛变,白色恐怖迅速笼罩福州城乃至整个闽中地区。同时,中央苏区面临国民党第五次"围剿",革命形势十分严峻。正当革命处于危难之际,1934年5月,福州中心市委常委王于洁脱险来到莆田,与莆田县委书记潘涛取得联系。同年9月,在莆田灵川西厝村召开联席会议,重建中共莆田中心县委,由王于洁任书记,潘涛、郑金照、林阿郎、陈建新、黄国璋为委员。同时对游击队进行整编,由郑金照任队长,潘涛任政委;决定派人到莆田山区和仙游、永泰交界的边区发展新的活动据点,以便将党的活动转移到山区,逐步形成了以常太的顶外坑、漈川、金竹坑三个村为中心的莆仙边游击根据地。在王于洁、潘涛领导下,莆田党组织和游击队积极开展打叛肃奸斗争和进行思想整顿,莆田的革命形势逐渐好转。同年6月底,福州市委委员黄孝敏、刘突军脱险后转移到福清,通过夏淑琼与福清县委委员陈金来、陈炳奎、余长钺等取得联系。由于县委书记何文成被捕,刘突军继续留在福清,接任福清县委书记,挑起领导福清革命的重担。黄孝敏重返上海,寻找上级党组织汇报福州的情况。

1934年8月,黄孝敏从上海回到福清,在西区角楼村召开会议,决定成立中共福清中心县委,统一领导福清、长乐、平潭、永泰等县的武装斗争,黄孝敏任书记,委员刘突军、余长钺、陈金来、陈炳奎、何胥陶、池亦妹仔。同年 11 月,福清中心县委在福清西区组建工农红军福清游击大队,由刘突军任大队长,黄孝敏兼任政委。1935 年初,闽东连罗苏区红军西南团 20 多名骨干突围来到福清,加入福清游击大队,队伍发展到近百人。

　　1935 年 4 月,工农红军福清游击大队进驻罗汉里,开辟了以罗汉里为中心的福永边游击根据地。同年 5 月,福清、莆田两个中心县委领导人在福清西区樟溪(掌溪)召开联席会议,决定将两个中心县委合并成立中共闽中特委,王于洁任特委书记,组织部长黄孝敏,宣传部长潘涛,军事部长刘突军,青年部长余长钺,执行委员兼福清县委书记陈炳奎。中共闽中特委的成立,结束了两个中心县委各自为战的局面,在组织上统一领导,斗争上彼此呼应,行动上扩大范围,打开了闽中游击战争的新局面,为坚持闽中三年游击战争奠定了坚实基础。6 月,原福清游击大队扩编为工农红军闽中游击队第一支队,队伍近百人,由魏耿任支队长,黄孝敏兼任政委(后由刘突军担任),杨采衡任参谋长,以罗汉里为根据地。10 月下旬,第二支队在常太漈川军事会议召开后成立,由郑金照任支队长,潘涛为政委,以莆田县常太山区为根据地。两支游击支队成立后,广泛发动和组织群众开展抗捐、抗税、抗租、抗粮"四抗"斗争,镇压了一批地方反动势力,又让广大贫苦群众得到实际利益,过上安宁生活,深得群众拥护,游击根据地因而得到巩固。

　　此后,两支游击队在特委统一领导下,在地方党组织和群众的大力支持下,独立坚持了近三年的游击战争。三年期间,中共闽中党组织率领游击队先后开辟了以常太顶外坑、漈川、金竹坑为中心的莆仙边游击根据地,以罗汉里为中心的福永边游击根据地,以山溪、宁里、旗插安为中心的莆永边游击根据地,游击区域从莆田、福清一直影响扩大到仙游、永泰、闽侯、惠安等县,成为南方八省三年游击战争时期的十五块游击区之一。

"西安事变"和平解决后,根据中共南方工委指示,闽中特委主动停止针对国民党当局的军事行动,积极宣传"停止内战,一致对外""团结抗日,救亡图存",并为奔赴前线抗日做准备。但国民党当局却在内部加紧执行其"北和南'剿'"的既定方针,在闽中采取军事、政治同时并进的策略,阴谋在短时间内把闽中红军游击队消灭。

1937年2月16日,闽中特委在莆田梧塘洪度村召开会议,研究"西安事变"后闽中如何开展政治宣传攻势,敦促国民党地方当局接受和平谈判,共同抗日等问题。未料到特委交通员薛宝泉已叛变投敌,充当内奸。当晚,薛宝泉以加强"安全措施"为由,将与会的王于洁、黄孝敏、潘涛、余长钺四位特委成员,引到邻近的林外村其妻弟赖金繁家投宿,被预先埋伏在那里的国民党宪兵抓捕。数日后,薛宝泉又带宪兵特务到福清,在高山薛港路下自然村诱捕了特委执委、福清县委书记陈炳奎。

五位闽中特委领导人被转移关押在福州宪兵团部监禁,后移交到福建省保安处第三科羁押。在狱中,他们表现得无比坚强。他们不为高官厚禄所动心,不为严刑拷打所屈服,以革命者的乐观主义精神与敌人坚持斗争。叛徒魏耿到狱中劝降时,未开口即被痛打一顿。他们把生死置之度外,经常高唱《国际歌》《义勇军进行曲》。他们通过做看守人员的思想工作,赢得一部分看守人员的同情,偷偷为他们传递信件,函告在外亲友并报告党组织。党组织得知情况后,对受难的五位同志十分关心,一边暗示他们要坚持斗争,等待国共和谈的时机,一边打通关节,想方设法寻找营救的途径。反动派施展各种花招,皆无法使五位特委屈服,又恐国共和谈一旦达成协议必然要释放政治犯,于是,竟然不顾大敌当前,决定向五位特委下毒手。

就在抗日战争全面爆发的前两周,1937 年 6 月 23 日,国民党省保安处迫不及待地将王于洁、黄孝敏、潘涛、余长钺、陈炳奎五位闽中党的优秀领导人押出牢房,前往福州西门外鸡角弄刑场。在被押赴刑场的途中,五位革命者浩气如虹,高呼口号,英勇就义。牺牲时,他们平均年龄才 28 岁,而最年轻的余长钺还未满 19 岁。

闽中五位英烈在他们风华正茂时倒下,他们把自己的满腔热情和鲜血洒在了八闽大地上。他们高尚的情操、优秀的品质和英勇献身的革命精神,将在八闽人民心中矗立起一座不朽的丰碑!

四、闽籍爱国华侨的祖国情怀

孙中山先生曾感叹"华侨是革命之母"。闽籍华侨给了孙中山有力的支持。南洋闽籍华人华侨众多,他们响应孙中山先生的革命主张,建立革命组织,创办报纸,对提升海内外华人民族意识和促进民族觉醒,影响颇大,使南洋地区成为辛亥革命重要的海外根据地。

闽籍华侨捐款支持革命也最为突出。陈楚楠常年为革命筹捐巨款,濒临破产而不顾。陈嘉庚、吴世荣、黄金庆等也都是倾尽家产支持孙中山的革命活动。正是感念在辛亥革命中做出重大牺牲的福建革命仁人志士,孙中山先生专门到福建三天,慰问黄花岗死难烈士遗族。

被毛主席誉为"华侨旗帜""民族光辉"的爱国人士陈嘉庚,致富后不忘苦难中的祖国,欲"尽国民一分子之天职",除曾加入同盟会、资助孙中山从事革命活动,以及倾资兴办集美学校和厦门大学冀望"教育救国"外,还在 1928 年日本制造济南惨案后,义无反顾地领导华侨社会开展轰轰烈烈的抗日救亡运动。

1940年春,旅居新加坡的爱国侨领陈嘉庚,带着南洋广大华侨的殷殷嘱托,率团回到祖国慰问抗日军民,蒋介石十分重视,下令不惜一切代价做好接待工作,务必让客人满意。陈嘉庚在重庆的60多天里,正事没时间做,每天被迫在各种宴会中疲于奔命。但不管什么山珍海味,陈嘉庚一口也咽不下去,他说"前方吃紧、后方紧吃"。这在当时竟是战时陪都大小官员的常态,让陈嘉庚反感和痛苦。据事后记载,光宴请费用就达8万元,按当时的价格折算能买800头牛!

1940年5月下旬,他应毛泽东的邀请,赴延安访问,慰问边区军民。陈嘉庚到达延安的第二天(即5月31日),毛泽东在自己的窑洞里,接见并单独"宴请"了他。他在回到重庆后的一次演讲中提及毛主席曾单独请他吃饭,是白饭、咸菜,配一味鸡汤。毛主席说:"我没有钱买鸡,这只鸡是邻居老大娘知道我有远客,送给我的。"经过几天的实地了解和交谈,陈嘉庚继续说道,我以前对中国的前途并无信心,以为中国的救星尚未出世,或还在学校读书。其实此人已经47岁了,而且做了许多大事了,此人就是毛主席。

1937年7月,抗战全面爆发后,陈嘉庚领导成立"南洋华侨筹赈祖国难民总会",据史料记载,抗战期间海外华侨汇回祖国之款高达15亿元,其中捐款约占10%,而陈嘉庚等南洋华侨捐款占华侨捐款总数的70%,极大地支援了祖国抗战事业。

1939年,陈嘉庚应国内之请代为招募3200余位华侨机工(即汽车司机及修理工)回国服务,在新开辟的滇缅公路上抢运中国抗战所急需的战略物资。

1949年新中国成立后,陈嘉庚历任一届、二届全国人大常委会委员,第二、第三届全国政协副主席,中华全国归国华侨联合会主席等职。1950年,陈嘉庚在参加全国政协一届二次会议时提出,福建全省无铁路,交通落后状况亟待解决。同时,陈嘉庚"于兴学一事,不惜牺牲金钱竭殚心力而为之",他陆续创办集美学校和厦门大学等教育机构,并将实业收入用于学校的长期建设和日常开支。1955年8月2日,陈嘉庚开始了祖国万里行,先后考察了东北、华北、西北、中南、华南等16个省市区,给中央提出了很多宝贵意见。

1961年8月12日,陈嘉庚先生在北京病逝。"陈嘉庚先生治丧委员会"由周恩来担任主任委员,丧仪极为隆重。周恩来、朱德亲自执绋,廖承志在追悼会上致辞。陈毅在吊唁的时候激动地说:"陈嘉庚先生是一个有骨气的中国人。作为华侨领袖来说,他是一个杰出的爱国主义者,追随革命,善始善终,值得后人学习。"

总的来说,在近代中国艰难曲折而又可歌可泣的历史进程中,福建子弟中涌现出了无数革命先驱、时代楷模以及众多支持革命,同党并肩战斗的民主党派和国际友人,正是在他们的奋力拼搏下,中国共产党才能够不断从弱小走向强大、从不成熟走向成熟,中华民族和中华人民共和国才能以崭新的姿态走向世界舞台中央。历史和人民不会忘记这些创造了丰功伟业、铸就了时代精神的福建籍子弟!同样,作为革命老区的一分子,我们不能忘记曾经在福建这片土地上抛头颅、洒热血,为推进福建革命发展、根据地建设而顽强奋斗、英勇献身的老一辈革命者,更不能忘记他们在革命、建设和改革历史过程中创造的宝贵精神财富。

第四章　福建红色基因的精神谱系

在庆祝中国共产党成立 100 周年大会上,习近平总书记首次提出和概括了"伟大的建党精神"。习近平总书记说,一百年前,中国共产党的先驱们创建了中国共产党,形成了坚持真理、坚守理想,践行初心、担当使命,不怕牺牲、英勇斗争,对党忠诚、不负人民的伟大建党精神,这是中国共产党的精神之源。

伟大建党精神和诞生于福建红土地上的古田会议精神、才溪乡调查精神、苏区精神和长征精神,共同构成了福建红色基因的精神谱系,点燃了八闽大地上的星星之火、长征路上的熊熊火炬……是八闽大地"红旗不倒"的精神源泉。福建红色基因的精神谱系,集中体现了中国共产党的坚定信念、根本宗旨和优良作风,为立党兴党强党提供了丰厚滋养。中国共产党之所以历经百年而风华正茂、饱经磨难而生生不息,就是凭着那么一股革命加拼命的强大精神。

如今,我们已经实现了第一个百年奋斗目标,在中华大地上全面建成了小康社会,历史性地解决了绝对贫困问题,正在意气风发向着全面建设社会主义现代化强国的第二个百年奋斗目标迈进。新征程上,全省上下更要继承发扬光大伟大建党精神和古田会议精神、才溪乡调查精神、苏区精神、长征精神,凝聚力量,砥砺初心使命,不断提高政治判断力、政治领悟力、政治执行力,不断增强同心同德推进新时代中国特色社会主义伟大事业发展的思想自觉和实践力量,谱写全面建设社会主义现代化国家的崭新福建篇章。

一、古田会议精神

1929年12月28日至29日,毛泽东、朱德、陈毅等人在福建省上杭县古田领导召开了中国共产党红军第四军第九次代表大会,即著名的古田会议。

古田会议是中国共产党和人民军队建设史上的重要里程碑,古田会议决议是中国共产党和红军建设的纲领性文献。古田会议精神是中国共产党建党精神的重要体现和伟大的实践,是幼年的中国共产党,在探索实行土地革命、领导武装斗争的过程中,在复杂的革命斗争环境下,为解决中国革命面临的两个根本问题——党和军队建设问题,进行成功探索而形成的革命精神。

(一)古田会议精神的内涵

古田会议精神是中国革命精神的重要组成部分,是以毛泽东为主要代表的中国共产党人,为解决中国革命面临的党和军队建设这两个基本问题,从中国共产党的党情和红军的军情出发,进行艰辛探索而形成的革命精神。其精神内涵概括为:思想建党筑党基;政治建军铸军魂;群众路线赢民心;敢于斗争闯新路。思想建党、政治建军,是古田会议永放光芒的精神内核,群众路线、敢于斗争是古田会议精神的外现。

古田会议因此成为中国共产党和人民军队建设史上的重要里程碑,《古田会议决议》是中国共产党和人民军队建设的纲领性文献,古田会议精神也是中国革命精神的重要组成部分,是极其宝贵的精神财富。习近平总书记深刻指出:"古田是我们党确立思想建党、政治建军原则的地方,是我军政治工作奠基的地方,是新型人民军队定型的地方。"①

思想建党是古田会议精神的核心,坚持从思想上建党,其根本任务是用马克思主义基本观点和基本立场去教育无产阶级,使其克服非无产阶级的错误思想,提高阶级觉悟,树立马克思主义的人生观和世界观,保证党的正确路线和方针的贯彻实施。坚持思想建党的原则,是提高党的执政能力和执政水平的基础和根本要求。政治建军原则也是古田会议精神的重要内涵,创建新型人民军队,坚持党对军队的绝对领导,"党指挥枪"是区别新型人民军队与旧军阀军队的重要标志,是对旧式军队中军阀主义的彻底否定。一切从实际出发,实事求是,追求真理,敢于斗争,勇闯新路,既是毛泽东思想的精髓,也是古田会议精神的精髓。

(二)古田会议精神的具体表现

古田会议精神是幼年的中国共产党在极其艰难曲折的环境下,坚守党的初心和使命,实事求是、坚持真理,善于斗争、勇于探索,团结一心、奋勇前行,进而凝聚成走向成功的强大力量。

1.思想建党筑党基②

把党的思想建设放在党的建设的首位,通过加强思想建设保持党的先进性和纯洁性,是中国共产党对马列主义建党学说的一大贡献,也是中国共产党建设的基本原则和基本经验。而这条原则的确立,是古田会议能成为中国共产党建设史上里程碑的重要标志。

首先,古田会议确立了着重从思想上建党这一根本原则,这一原则是基于中国共产党在中国革命中的实践探索、现实需要及中央

---

① 习近平:《古田会议奠基的我军政治工作对我军生存发展起到了决定性作用》,《论中国共产党历史》,北京:中央文献出版社,2021年版,第96页。

② 林炳玉、刘中华:《古田会议精神新探》,《中共福建省委党校(福建行政学院)学报》,2021年第5期。

"九月来信"的指导确立的。

一是基于中国共产党在中国革命中的实践探索确立的思想建党原则。1927年10月,毛泽东率领湘赣边秋收起义部队到达井冈山点燃工农武装割据的星星之火,中国共产党迎来了全新的挑战——在农村环境进行党的建设。在农村环境中建设党并不是一件简单的事。1929年6月17日《江西省委通告》就指出:"江西党的无产阶级基础,至今还是十分薄弱,党员成分中工人同志仅仅百分之二,党的质量还是没有改变,非无产阶级意识还在逐渐生长。"[1]这一现象并不是只存在于湘赣边界,这种由于无产阶级基础薄弱造成的非无产阶级思想的生长变化,严重妨碍了党的路线、方针、政策的贯彻与执行。毛泽东深切地感受到"'斗争的布尔什维克党'的建设,真是难得很"[2]。1928年11月,毛泽东在给中共中央的报告中指出:"我们感觉无产阶级思想领导的问题,是一个非常重要的问题。……若不给以无产阶级的思想领导,其趋向是会要错误的。"[3]隔年9月,中央给红四军前委的指示信肯定了毛泽东的这一正确思想,指出:"只有加强无产阶级意识的领导,才可以使之减少农民意识,决不是幻想目前红军可以吸收广大工人成分来改变红军倾向的。"[4]毛泽东把马克思列宁主义的建党学说与井冈山斗争的具体实际相结合,提出在农村环境下加强无产阶级思想领导的必要性问题,为古田会议决议形成思想建党原则理论奠定了基础。

二是基于革命现实需要确立的思想建党原则。1929年闽西革

---

① 《中央革命根据地史料选编》(上册),南昌:江西人民出版社,1982年版,第535页。

② 《毛泽东选集》(第1卷),北京:人民出版社,1991年版,第74页。

③ 《毛泽东选集》(第1卷),北京:人民出版社,1991年版,第77页。

④ 《中共中央文件选集》(第5册),北京:中共中央党校出版社,1989年版,第483页。

命根据地时期,"党的组织比前发展了二倍"①,到5月,"红四军党员发展到1329人"②。党组织的迅速发展壮大也使得红四军农民占比增加。例如,从红四军的党组织来看,1329名党员中,工人311人,占23.4%;农民626人,占47.1%;小商人106人,占8%;学生192人,占14.4%;其他95人,占7.1%。③从这一情况就可以发现各种非无产阶级思想会不断滋长。毛泽东认为如果不及时纠正这些错误思想,发动群众、进行土地革命和建立根据地的工作将无法进行,古田会议正是基于达到统一思想目的的现实需要召开的。《古田会议决议》开篇就指出:"四军党内各种非无产阶级意识非常之浓厚,对于党的正确路线之执行,加了极大的妨碍,若不澈〔彻〕底纠正,则中国广大革命斗争加于四军的任务,是决然担负不来的。"④《古田会议决议》科学地分析了不正确倾向的根源,党员大部分是农民及其他小资产阶级出身。为此,毛泽东提出用无产阶级思想教育来解决党内各种浓厚的非无产阶级思想的问题。

三是基于中央"九月来信"提出的红军党的建设指导原则确立的思想建党原则。1929年7月下旬,陈毅奉命前往上海向中央汇报工作期间,准确全面地汇报了红四军自成立以来的全部情况。随后在结合红四军的实际情况下,陈毅写出初稿,经过周恩来修改后在中央政治局会议上获得通过,并于1929年9月28日签发,这封信被称为"九月来信",即《中共中央给红四军前委的指示信》。"九月来信"对红四军党内的争论问题作出了明确结论,核心内容是关

① 《闽西革命史文献资料》(第1辑),1982年版,内存档案资料,第677页。
② 《闽西革命史文献资料》(第2辑),1982年版,内存档案资料,第685页。
③ 王建南:《福建红色文化读本》,福州:福建人民出版社,2020年版,第73页。
④ 《中共中央文件选集》(第5册),北京:中共中央党校出版社,1989年版,第800页。

于党对红军的领导问题及红军中党的建设问题。"九月来信"提出了一系列重要思想,如"红军不能实现上面三个任务,则与普通军队无异"①;"党的一切权力集中于前委指导机关,这是正确的,决不能动摇","一切工作归支部这个口号是对的,是对经过支部去工作的解释"②;红四军党内存在的各种非无产阶级错误思想"于红军前途有极大危险,前委应坚决以斗争的态度来肃清之"③等。"九月来信"明确支持了毛泽东的正确主张,为古田会议提出思想建党原则指明了方向。

其次,古田会议指出了从思想上建党的有效途径。《古田会议决议》剖析了非无产阶级思想产生的根源,阐述了从思想上加强党的建设的有效途径:一是要做到深刻剖析错误思想的根源和危害。毛泽东曾指出,"我们首先要记得的就是四军的大部分是从旧式军队脱胎出来的,而且是从失败环境中拖出来的"④,因此需注意排除传统军队旧思想、旧制度和不良作风的影响和及时清理和纠正农民和小资产阶级固有的各种错误思想。二是把加强党内教育作为纠正党内错误思想的主要方法,明确党内教育的内容和方法。毛泽东把"加强政治训练"作为克服错误思想的重要方法;把党内思想教育作为党的政治生活的重要内容,要求"从教育上提高党内的政治水平","使党员的思想和党内的生活都政治化,科学化"。⑤

① 《中共中央文件选集》(第5册),北京:中共中央党校出版社,1989年版,第477页。
② 《闽西革命史文献资料》(第2辑),1982年版,内存档案资料,第230页。
③ 《闽西革命史文献资料》(第2辑),1982年版,内存档案资料,第230页。
④ 《毛泽东文集》(第1卷),北京:人民出版社,1993年版,第65页。
⑤ 《毛泽东文集》(第1卷),北京:人民出版社,1993年版,第80、92页。

古田会议油画

总的来说,古田会议关于思想建党的理论,初步探索和总结了党的建设规律,确立了思想建党的原则。它是以毛泽东为主要代表的中国共产党人,把马克思主义的建党理论与中国建党实践相结合的产物,成功解决了中国共产党的工作重心转到农村后,党员数量和质量如何有机统一的问题,实现了党的阶级基础和群众基础的结合,从而建立起了一个先进的群众性的马克思主义政党。

2.政治建军铸军魂

习近平总书记指出:"党对军队绝对领导的根本原则和制度,发端于南昌起义,奠基于三湾改编,定型于古田会议。"[①]古田会议首次提出政治建军的原则,对在农村环境下建设无产阶级领导下的人民军队作出了探索。

首先,要确立党对军队的绝对领导,即"党指挥枪"。党指挥枪是人民军队建设的根本原则,是以毛泽东为主要代表的中国共产党人在长期的革命斗争实践中逐步确立和完善起来的。《古田会议决议》指出:"中国的红军是一个执行政治任务的武装集团","军事只

---

① 习近平:《在庆祝中国人民解放军建军90周年大会上的讲话》,北京:人民出版社,2017年版,第6页。

三湾改编油画

是完成政治任务的工具之一"①,从根本上规定了红军的性质、宗旨
和任务。古田会议严肃批评了"军事政治二者是对立的""军事好,
政治自然会好,军事不好,政治也不会好"②等单纯军事观点,指出
如果任由这种思想发展下去,军队"便有走到脱离群众、以军队控制
政权、离开无产阶级领导的危险"③。决议提出党对军队领导的根
本原则、措施和方法,标志着党对军队绝对领导原则的正式确立。
毛泽东在1938年写的《战争和战略问题》一文中明确指出:"我们的
原则是党指挥枪,而绝不容许枪指挥党。"④党对军队绝对领导的原
则及其一整套制度,对于把一支以农民为主要成分的革命军队建设
成为一支新型的无产阶级军队,起到了决定性的作用。

其次,要明确人民军队的性质和任务。要做到把人民群众发
动起来、武装起来,不断扩大红军队伍、打败敌人,建立和巩固红
色政权,保证工农武装割据的发展。例如,1927年12月毛泽东宣

① 《毛泽东文集》(第1卷),北京:人民出版社,1993年版,第79页。
② 《毛泽东文集》(第1卷),北京:人民出版社,1993年版,第79页。
③ 《毛泽东文集》(第1卷),北京:人民出版社,1993年版,第79页。
④ 《毛泽东文集》(第1卷),北京:人民出版社,1993年版,第547页。

布工农革命军的三大任务是"第一,打仗消灭敌人;第二,打土豪筹款;第三,宣传群众,组织群众,武装群众,帮助群众建立革命政权"①,就明确了人民军队的性质与任务。

最后,要做到突出军队政治工作的生命线的地位。古田会议把思想政治工作当作军队工作的生命线,制定了官兵一致、军民军政一致和瓦解敌军、宽待俘虏的政治工作三大原则以及政治工作制度,奠定了人民军队思想政治工作的基础,体现了政治建军这一人民军队建设的特点,是全心全意为人民服务的建军宗旨的集中表现,形成了人民军队的显著特色和优良传统。

总的来说,政治工作是人民军队的生命线。《古田会议决议》回答了政治工作的地位和作用问题,把宣传工作作为第一个重大工作,明确规定,红军中的政治机关是对党员干部进行党性教育的专职工作机构,红军必须实行政治委员制度。《古田会议决议》还确立了思想政治工作服务于中心任务、与中心任务一同落实的基本原则,提出废止肉刑、实行说服教育的原则,并规定了政治训练的11种方法及政治训练的19种材料。《古田会议决议》规定的政治工作原则、制度和方法,构成了红军政治工作较为完整的法规体系。《古田会议决议》是红军建设的纲领性文献,它"确立了军队政治工作的方针、原则、制度,提出了解决把以农民为主要成分的军队建设成为无产阶级性质的新型人民军队这个根本性问题的原则方向"②,"从那儿以后,在党领导下,我军由小到大、由弱到强,不断从胜利走向胜利。古田会议奠基的我军政治工作对我军生存发展起到了决定

---

① 《井冈山革命根据地》(上册),北京:中共党史资料出版社,1987年版,第493~494页。

② 《中国共产党简史》,北京:人民出版社、中共党史出版社,2021年版,第44页。

性作用"①。按照古田会议精神整顿的红四军,成为全国红军的政治模范,成为红军的主力。人民军队的思想建设逐渐展开,政治工作成为统一全军思想、纯洁军队灵魂的根本手段。

3.群众路线赢民心

古田会议不仅为中国共产党和人民军队开辟了一条从思想上建设党、政治上建设军队的成功之路,而且为党的群众路线的形成奠定了重要基础。

毛泽东率领红四军进入闽西后,广泛调查研究,从群众智慧和实践中寻找党和红军建设的方法。古田会议召开之前,中央"九月来信"不仅重新确立了毛泽东前委书记的地位,而且肯定了红四军中许多革命实践的做法,首次提出了"群众路线"的概念,论述了军队与党及党与群众的关系问题。根据中央"九月来信"的精神,1929年12月,红四军在新泉进行了为期10天左右的政治和军事整训。其间,发动官兵进行讨论,召开了各种调查会,并启发与会官兵针对队伍中存在的错误思想进行大胆批评,提出问题。毛泽东亲自"参加大家的讨论,引导大家统一到正确的思想上来"②。在古田会议召开之时,大家对决议草案也进行了认真而热烈的讨论。"开会时要让到会人尽量发表意见,有争议的问题,要把是非弄明白,不要调和敷衍。一次不能解决的,二次再议,以期得到明晰的结论。"③古田会议的成功正是以毛泽东为主要代表的中国共产党人实践群众路线的成果。

---

① 习近平:《论中国共产党历史》,北京:中央文献出版社,2021年版,第97页。

② 中共中央文献研究室:《毛泽东年谱》(上卷),北京:中央文献出版社,2013年版,第293页。

③ 《中共中央文件选集》(第5册),北京:中共中央党校出版社,1989年版,第804页。

《古田会议决议》明确规定了红军不仅要打仗,还要"帮助群众建设政权"①,为此,必须坚持群众路线,做好群众工作。《古田会议决议》在调查研究的基础上,比较系统地批评了红四军党内存在脱离群众的不良思想和问题,如不重视对群众的组织和宣传,不愿深入群众在艰苦环境下做细小严密的群众工作,不要群众基础的烧屋行为等②。《古田会议决议》提出要坚决纠正这些不执行群众路线的行为。《古田会议决议》整个部分都贯彻着怎样"宣传群众""组织群众""武装群众""怎样做好群众工作"等相关内容。"一切工作在党的讨论和决议后,再经过群众路线去执行。"③《古田会议决议》把"群众工作的策略和技术"列入党内教育的重要材料。

《古田会议决议》初步形成了坚持调查研究的工作方法。调查研究与群众路线具有内在一致性。要走群众路线,就必须到群众中去;考察群众状况、听取群众意见,才能形成正确的指导路线。《古田会议决议》指出:"上级机关要明白下级机关的情况,及群众生活情况,成为正确指导的社会来源。"④要让党员明白,开展社会经济的调查研究,是作出正确决策的工作方法,"离了实际调查,便要堕入空想和盲动的深坑"⑤。

古田会议强调的群众路线和调查研究的工作方法,体现了马克

① 《中共中央文件选集》(第 5 册),北京:中共中央党校出版社,1989 年版,第801 页。

② 《中共中央文件选集》(第 5 册),北京:中共中央党校出版社,1989 年版,第805 页。

③ 《中共中央文件选集》(第 5 册),北京:中共中央党校出版社,1989 年版,第802~803 页。

④ 《中共中央文件选集》(第 5 册),北京:中共中央党校出版社,1989 年版,第804 页。

⑤ 《中共中央文件选集》(第 5 册),北京:中共中央党校出版社,1989 年版,第808 页。

思主义的群众观,成为后来党的群众路线形成和发展的重要源头,成为密切党群关系、军民关系的重要法宝,形成军拥民、民拥军的热潮,使党和军队赢得了民心,革命根据地迅速发展。

4.勇于斗争闯新路

中国共产党诞生于国家内忧外患、民族危难之时,从诞生伊始就铭刻着不屈的斗争精神,制定了反帝反封建的革命纲领,肩负起为人民谋幸福、为民族谋复兴的伟大历史使命。古田会议正是中国共产党这种伟大斗争精神的鲜明铁证。

中国革命事业要成功,需要一个有崇高理想的政党,需要党领导下的一支有坚定革命信念的军队。1927年大革命失败后,保存下来的革命力量并没有失去斗争的精神。在毛泽东、朱德等人率领下的红四军,带着坚定的信念,在井冈山等地进行艰难斗争。从井冈山斗争到赣南闽西革命根据地的开辟,其间面对国民党反动派的围追堵截,没有退却、没有溃散,红四军战士们"忍着疲劳、严寒和饥饿,保持旺盛的战斗意志"①,同国民党反动派进行了百折不挠的斗争。古田会议正是这段浴血奋战历史的见证和勇于胜利的果实。

红四军进入赣南闽西之后,随着斗争形势和斗争环境的变化,红四军党和军队内部单纯军事观点、极端民主化、流寇思想等各种非无产阶级思想进一步泛滥,普遍轻视政治工作,甚至党中央委任的前委书记毛泽东都在红四军七大上落选。但以毛泽东为主要代表的中国共产党人,并没有随波逐流,而是坚持"要把是非弄明白,不调和敷衍下去"②的精神,同错误的思想进行了反复而坚决的斗

---

① 古田会议纪念馆:《见证古田会议》,北京:中共党史出版社,2017年版,第31页。

② 《中共中央文件选集》(第5册),北京:中共中央党校出版社,1989年版,第804页。

争。在中央"九月来信"精神的正确指导下,红四军官兵们以自我革命的精神同党内错误思想坚决斗争。在党内斗争中,古田会议特别强调要讲政治,讨论工作要注意政治意义,"要肃清唯心的和技术的作风"①。通过严肃认真的党内斗争,红四军党和军队内部树立了无产阶级的正确思想。古田会议选举产生的新前委,就是按照政治观念正确、工作积极、有斗争历史的要求选出来的。

古田会议通过自觉的斗争,确立了"思想建党""政治建军"的原则和规矩。在马克思主义的政党学说中,如何建立一个无产阶级先锋队性质的党和怎样进行党内建设是关系革命事业成功的关键问题。古田会议通过开展积极和自觉的党内思想斗争,成功地探索出了在农村战争环境下,以农民为主要成分的党员队伍怎样保持先进性,怎样成为无产阶级先锋队组织,这突破了共产国际的经验,坚持和发展了马克思主义建党学说。古田会议针对红四军军中存在的"雇佣思想",通过"政治建军",提高了士兵的政治觉悟,"使士兵感觉不是为他人打仗,而是为自己为人民打仗"②。古田会议在斗争中探索出的新路,是以农民为主要成分的党员队伍保持无产阶级政党先进性及建设新型人民军队的新道路。古田会议以自我革命的方式,团结带领全体官兵一起解决当时面临的各种问题,把一支各种错误思想泛滥、纪律松懈,如同一盘散沙的"农民党员队伍""农民军"改造成理想信念坚定、纪律严明、步调一致的无产阶级先锋队、新型人民军队。这是党和人民军队建设史上第一次自我革命,表现出了敢于斗争、勇闯新路的精神内涵。

---

① 《中共中央文件选集》(第 5 册),北京:中共中央党校出版社,1989 年版,第808 页。

② 《毛泽东选集》(第 1 卷),北京:人民出版社,1991 年版,第 63 页。

（三）古田会议精神的历史影响

时至今日,让我们再度回首1929年12月底召开的古田会议的全过程,贯穿其中的"思想建党筑党基;政治建军铸军魂;群众路线赢民心;敢于斗争闯新路"精神内涵熠熠生辉,并没有因为岁月流逝而被淡忘,在今天仍然凸显出其重要的现实意义。

事实上,古田会议精神在中国革命、建设和改革的各个历史时期,都是极为重要的精神财富,它指导和推进了军队思想政治建设。古田会议之后,毛泽东亲自到红军部队动员、调研和指导,推动会议精神的贯彻落实,真真切切在贯彻落实古田会议决议的要求。抗日战争时期,毛泽东要求各级组织把《古田会议决议》当作教材加以熟读,并突出强调"共产党领导的革命的政治工作是革命军队的生命线"。在1978年召开的党的十一届三中全会和全军政治工作会议上,邓小平引用古田会议决议精神,批评党内存在的错误思想,指导和推动拨乱反正,明确了军队政治工作"两个服务、四个保证"的基本指导思想。1987年,邓小平对起草军委《关于新时期军队政治工作的决定》作出明确指示:"要把从古田会议以来政治工作的全部好的经验、好的总结写到决议里来。"[1]此后,江泽民、胡锦涛等党和国家领导人都先后视察了古田会议旧址,并要求弘扬古田会议精神,充分发挥思想政治工作这个优良传统和政治优势,确保党的政治任务的顺利完成。习近平总书记也非常重视思想政治工作,总结了弘扬古田会议精神的四大要求:即"要大力弘扬古田会议精神,重视抓好领导班子思想政治建设","要坚持把思想政治建设摆在首位,确保思想政治上特别纯洁、特别过硬、特别坚定","要始终把思想政治建设摆在军队各项建设首位","要在发扬光大优良传统基础上,研

---

① 傅柒生:《古田会议之于思想政治工作的历史贡献和时代取向》,《光明日报》,2014年10月29日,第5版。

究新情况、解决新问题,不断增强政治工作的时代性和感召力。"①

2014 年 10 月 30 日,全军政治工作会议在福建省上杭县古田镇召开,充分昭示着人民军队坚定不移地传承红色基因,铸牢强军之魂,彰显了人民军队坚持党的绝对领导、义无反顾地走中国特色强军兴军之路的坚定决心,这次会议"追根溯源,固本清源",被称为"新古田会议"。会上习近平总书记强调,"在古田会议召开 85 周年之际,我们再次来到这里,目的是寻根溯源,深入思考当初是从哪里出发的、为什么出发的,以接受思想洗礼,更重要的是重整行装再出发"。这次会议发出了"重整行装,从古田再出发"的时代号召,也是古田会议精神的全新延续。习近平总书记的讲话深刻阐明了古田会议精神对于社会主义现代化建设时期党和军队建设的重要意义和指导作用,揭示了新时代思想政治工作的内在规律和时代要求。

从古田会议在中国共产党的建设、人民军队建设中的重要历史地位和重要历史贡献来看,"重整行装,从古田再出发"理所当然是全党全军全国人民都应积极响应的时代号召。我们要从古田会议精神的内涵中深刻理解为什么要"从古田再出发",深刻认识怎样"从古田再出发",努力从古田会议精神中汲取智慧和力量,并落实到深化改革、脱贫攻坚、为民服务、创业创新、国防建设、全面从严治党等具体实践中,走好实现中国梦的伟大新征程。

中国特色社会主义进入了新时代,国防和军队建设也进入了新时代。习近平总书记在党的十九大上强调,要确保到 2020 年基本实现机械化、信息化建设取得重大进展,战略能力有大的提升,力争

---

① 习近平:《确保军队任何情况下都坚决听从党中央》,《新京报》,2012 年 11 月 18 日,第 1 版。

到 2035 年基本实现国防和军队现代化,到本世纪中叶把人民军队全面建成世界一流军队。2014 年在古田召开全军政治工作会议到党的十九大提出全面建成世界一流军队的目标任务,从古田再出发,把新时代强军事业不断推向前进。90 多年来,人民解放军之所以能够始终保持坚定正确的政治方向,保持部队纯洁巩固和高度集中统一,保持强大的凝聚力和战斗力,圆满完成党和人民赋予的使命任务,成为一支举世闻名的威武之师、文明之师、胜利之师,很重要的一点就在于继承和发扬古田会议精神,大力加强思想政治建设。实践充分表明,以古田会议精神为根基不断发展的军队思想政治建设,是人民军队永远立于不败之地的根本保证。

(四)古田会议精神的现实启示

古田会议是中国共产党建设史上的重要里程碑,《古田会议决议》集中体现了着重从思想上建设党这一独特的建党道路。同时,古田会议也是人民军队建设史上的重要里程碑,会议确立了党对军队绝对领导的原则,奠定了无产阶级领导的新型人民军队的政治基础,铸造了红军的"军魂"。眺望前方的奋进路,传承好、发扬好古田会议精神,对于全面建设社会主义现代化强国、实现中华民族伟大复兴的中国梦具有重要的现实启示。

1.始终不渝坚持思想建党

回顾百年奋斗历程,中国共产党之所以能够历经艰难困苦而不断发展壮大,很重要的一个原因就是中国共产党始终重视思想建党、理论强党,使全党始终保持统一的思想、坚定的意志、协调的行动、强大的战斗力。组织上入党一生一次,思想上入党一生一世。始于古田会议的思想建党原则,成为中国共产党永葆马克思主义政党先进性、纯洁性的一大法宝。对党员干部来说,思想上的滑坡是最严重的病变,"总开关"没拧紧,不能正确处理公私关系,缺乏正确的是非观、义利观、权力观、政绩观、事业观,各种出轨越界、跑冒滴漏就在所难免。古田会议精神昭示:组织上入党只是拥有党员身份,思想上入党才是根本。站在为第二个百年奋斗目标奋进之际回眸历史,我们为革命先辈的革命理想高于天、奋不顾身为信仰的大无畏精神而动容,更应从革命历史中汲取前行的动力,常扫思想灰尘,强化思想入党,矢志不渝为党和人民的事业奋斗一辈子。

2.始终不渝坚持党对军队的绝对领导

历史和实践反复证明,实行革命的政治工作,保证了人民军队始终是党的绝对领导下的革命军队,为人民军队战胜强大敌人和艰难险阻提供了不竭动力,使人民解放军始终保持了人民军队的本色和作风。古田会议铸军魂,由此诞生的新型人民军队在党的绝对领导下,历尽艰险,一路走向胜利。奋进新征程,要实现建军一百年奋斗目标,人民军队的政治工作只能加强不能削弱。我们要紧紧围绕促进人民军队高质量发展的时代主题,加强和改进新形势下军队政治工作,充分发挥政治工作对强军兴军的生命线作用。通过有力有效的政治工作,把战斗力标准在全军牢固立起来、把政治工作威信在全军牢固立起来,进一步铸牢党对军队绝对领导的军魂。我们还应清醒认识到,铸牢军魂是人民军队政治工作的核心任务,任何时候都不能动摇。各级党委要把落实党对军队绝对领导的制度作为第一位责任,把党领导军队的一系列制度贯彻到部队建设各领域和完成任务全过程,确保党指挥枪的原则落地生根。要坚持党管干部原则,坚持五湖四海,坚决整治用人风气,纯洁干部队伍,真正把对党忠诚、善谋打仗、敢于担当、实绩突出、清正廉洁的军队好干部选出来、任用好。

3.始终不渝把人民军队政治工作的优良传统传承好、发扬好

从古田一路走来,中国共产党领导的人民军队始终把传承好军队政治工作优良传统作为重要任务,在革命、建设、改革的各个历史时期,都有新的升华,形成了新的精神营养,滋养着人民军队不断从胜利走向胜利。每一次向历史回眸,都是一次精神洗礼。在奋力推进第二个百年奋斗目标的关键时期,集中开展党史学习教育,用党的奋斗历程和伟大成就鼓舞斗志、明确方向,用党的光荣传统和优良作风坚定信念、凝聚力量,用党的实践创造和历史经验启迪智慧、砥砺品格。其中很重要的一点,就是要把古田会议确立的思想建党、政治建军的根本原则和制度传承好,把习近平主席在古田全军政治工作会议上的重要讲话精神学习好、领悟透、落实好,把包括古田会议精神在内的各种优良传统和作风继承下来、发扬光大,在新的历史起点上,开辟事业发展的新局面。

二、才溪乡调查精神

土地革命战争时期,毛泽东三次到中央苏区第一模范乡——才溪乡,进行著名的农村调查。这次调查基于革命战争发展、民主建政、发展经济、解决民生和反对与纠正"左"倾错误这些深厚的历史背景,是中国共产党人走群众路线、深入实际、调查研究、实事求是的光辉典范。毛泽东才溪乡调查的实践和所体现出来的精神,在新的历史时期具有重要的现实指导意义。

《才溪乡调查》

调查研究是毛泽东最为擅长的工作方式。毛泽东在1931年6月到建宁调研途中,对身边警卫员说:"一个领导者要把调查看作吃饭一样经常、重要,一天不串门,就像一天没有吃饭。"①中央苏区时期,毛泽东每到一处,就查阅地方志,了解当地历史;阅读各种报纸,掌握时事政治;搜集军事情况,掌握敌人动向;深入农村基层,了解当地民情。毛泽东3次到才溪,召开各类调查会,听取群众意见。在广泛深入细致地调查研究的基础上总结经验、发现问题,毛泽东撰写了著名的《才溪乡调查》,并在中华苏维埃共和国第二次全国人民代表大会上把才溪乡乡苏工作的先进经验向全国苏区推介。

(一)才溪乡调查精神的内涵

才溪乡调查是毛泽东运用马列主义的基本观点、立场和方法解决中国革命现实问题的重要实践,这一伟大的历史实践蕴含着丰富的精神内涵,主要体现在"深入群众、实事求是、执政为民、勇于探索"这四个方面。

(二)才溪乡调查精神的具体表现

1.深入群众

深入群众是才溪乡调查精神的外在的表现形式,也是才溪乡调查精神的重要特点。基层调查工作是一切工作的基础和出发点,正如1929年冬,毛泽东和邓子恢在上杭县古田苏家坡散步时所说:"依我看,领导者并没有什么了不起的本事,他的责任在于当好群众的传达员,就是说,应当善于总结出大多数群众的正确意见和要求,及时反映到党的领导机关。党的领导机关就要根据这些意见和要求进行研究分析,找出解决的办法,然后再由领导

---

① 中共中央文献研究室编:《毛泽东年谱(一八九三—一九四九)》(修订本)(上卷),北京:中央文献出版社,2003年版,第348页。

者把党的决定传达到群众中去执行。"①《才溪乡调查》这篇调查报告反映了毛泽东"从群众中来，到群众中去"的科学领导思路，毛泽东在才溪乡待了十多天，主持召开各类调查会，针对乡苏工作的方方面面问题，分别召开了各种座谈会，具体细致地向与会者提问，听取他们的汇报并讨论、记笔记，充分体现了做调查要深入群众的精神。

2.实事求是

实事求是是才溪乡调查精神的精髓和思想基础。从《才溪乡调查》可以看出，毛泽东把调查研究作为了解实际情况、制定政策的基础，先后 3 次来到才溪，详细记录才溪人民在粉碎敌人的经济封锁、劳动互助、生产支前等方面的典型经验，以大量事实与数据证明了在国内革命战争的环境下，根据地建设的可能性及必要性。例如，为解决才溪乡劳动力紧缺的问题，毛泽东开展了深入的调查研究，在才溪乡苏原有的为帮助红军家属种田而办起的耕田队基础上建议区乡工作人员和耕田队长把耕田队再提升一下，成立合作社。最终，合作社的创办打破了国民党的经济封锁，使才溪乡人民群众生活水平明显提高，劳动力紧缺的问题得以解决。对此，毛泽东在《才溪乡调查》中高度评价了才溪乡的合作社，指出："劳动合作社（别地称劳动互助社）、消费合作社、粮食合作社，组织了全乡群众的经济生活，经济上的组织性进到了很高的程度，成为全苏区第一个光荣的模范。这种经济战线上的成绩，兴奋了整个群众，使广大群众为了保卫苏区发展苏区而手执武器上前线去，全无家庭后顾之忧。"②为临时中央政府领导苏区建设提供了范例，为中央苏区基层建设各

---

① 《邓子恢传》，北京：人民出版社，1996 年版，第 94 页。
② 《毛泽东文集》（第 1 卷），北京：人民出版社，1993 年版，第 340 页。

项方针政策的制定和调整提供了决策依据。通过才溪乡调查,毛泽东进一步坚定了建设农村革命根据地、走农村包围城市道路的信心。正如在《反对本本主义》一文中毛泽东给那些"遇到困难问题,只是叹气,不能解决"的人开出"药方"一样,解决实际问题的方法在于"迈开你的两脚,到你的工作范围的各部分各地方去走走"①。才溪乡调查就是毛泽东在缜密的社会调查中寻找解决问题之根本办法的成功范例,实事求是的才溪乡调查精神内涵得以体现。

3.执政为民

执政为民是才溪乡调查精神的核心。1934 年 1 月,毛泽东在中华苏维埃第二次全国代表大会上就明确指出:"组织革命战争,改良群众生活,这是我们的两大任务。"②毛泽东才溪乡调查体现了以人民为中心的立场,展现了中国共产党人真心实意为群众谋利益的执政理念。在才溪乡调查期间,毛泽东关注的都是与群众的生产、生活息息相关的具体问题,事无巨细,一一过问,这种一心为民、服务群众的精神诠释了中国共产党人除了群众利益没有任何个人利益的初心和使命。

苏区时期,毛泽东非常重视领导方法和工作方法。他明确指出,中国共产党要完成组织革命战争和改善群众生活两大任务,要反对官僚主义而采取实际的具体的工作方法,"反对官僚主义的最有效方法,就是拿活的榜样给他们看"③,反对命令主义而采取耐心说服的工作方法,就如对才溪乡政府一心为民工作的评价——"这样的乡政府,是真正模范的乡政府。他们和汀州官僚主义的领导方法,是绝对的不相同"。在才溪乡的 10 多天时间里,毛泽东与农民

---

① 《毛泽东选集》(第 1 卷),北京:人民出版社,1991 年版,第 110 页。
② 《毛泽东选集》(第 1 卷),北京:人民出版社,1991 年版,第 139 页。
③ 《毛泽东文集》(第 1 卷),北京:人民出版社,1993 年版,第 277 页。

群众同吃同住同劳动,作为中华苏维埃共和国执行委员会和人民委员会主席,不搞特殊化,带头践行苏区干部好作风,与群众同甘共苦,体现了中国共产党人艰苦奋斗、执政为民的本色与精神。

4.勇于探索

1933 年党内"左"倾教条主义错误盛行,"也不管共产国际的指示是否适合中国的具体情况,就不折不扣地执行,甚至还要超越。结果忽'左'忽右,给中国的革命带来了巨大危害"①。"左"倾错误最核心的观点在于,他们认为马恩著作是百科全书,所有问题都有现成的答案,只要背熟了所有理论,用查字典的方法,根据所要解决的问题,运用对号入座的方法就能解决问题。在党内盛行"左"倾教条主义错误之际,很多人在工作上出现了形式主义、本本主义的错误,他们在工作当中简单粗暴,只知道发号施令,认为上级颁发的指令下级必须服从。党内很多同志照搬照抄苏联的模式,一味相信书本知识,不愿意结合当前实际。而毛泽东作为坚定的马克思主义的践行者,在党内面对道路问题产生分歧的时候,即便身处逆境、孤立无援,也没有因为权威而害怕。他勇于探索,敢于和"左"倾教条主义错误做斗争,坚持不唯上、不唯书,只唯实,经过沉着冷静的分析,用马克思主义的立场、观点和方法去解决实际问题,在调查研究中用事实去驳斥各种谬论,坚信"无产阶级要取得胜利,就完全要靠他的政党——共产党的斗争策略的正确和坚决。共产党的正确而不动摇的斗争策略,绝不是少数人坐在房子里能够产生的,它是要在群众的斗争过程中才能产生的,这就是说要在实际经验中才能产生"②。《才溪乡调查》一文中用大量事实驳斥了那些"左"倾教条主义者不从实际出发,只会背书本知识,闭着眼睛瞎说"国内战争中经

---

① 周国全、郭德宏:《王明传》,合肥:安徽人民出版社,1998 年版,第 321 页。
② 《毛泽东选集》(第 1 卷),北京:人民出版社,1991 年版,第 115 页。

济建设是不可能的""苏区群众生活没有改善"等错误论调,用"铁的事实"作为结论的支撑,充分证明了战争条件下经济建设不仅必要且可行等问题,这体现的正是共产党人勇于探索的精神。

(三)才溪乡调查精神的历史影响

《才溪乡调查》是毛泽东运用马列主义的立场、观点和方法,经过身体力行地深入群众、实事求是、执政为民、勇于探索而得出的第一手珍贵资料,它为农村革命根据地的建设提供了宝贵的经验,为中央制定经济政策提供了充分的依据。

1934年1月,毛泽东在第二次全国苏维埃代表大会中进一步强调了"进行一切可能的和必须的经济方面的建设,集中经济力量供给战争,同时极力改良民众的生活,巩固工农在经济方面的联合,保证无产阶级对于农民的领导"[①]的工作方针。这个方针是建立在才溪乡调查报告的基础上的,这是对才溪乡调查的充分肯定。《才溪乡调查》为处在革命紧要关头的党的建设指明了出路,最重要的是澄清了党内的错误思想,使党的思想统一到正确的方向上来,也再次以铁的事实说明"没有调查就没有发言权,没有正确的调查就没有发言权"的真理性,为各级领导干部认真学习调查研究,在工作中少犯错误提供了一个有力的榜样。

1934年4月10日,毛泽东在长冈乡和才溪乡实地调查的基础上,综合其他地方苏维埃工作的情况,写出《乡苏怎样工作?》一文。文章中包含了许多关于工作方法的论述。例如:要懂得抓紧每一时期的中心任务,不应该只忙于零碎事务,把中心工作丢掉了;要根据各地的情形和特点去推动各村的工作,解决各村群众的困难问题;代表会议报告的内容要有切实的材料与意见,只讲空话的报告要取

---

① 《毛泽东选集》(第1卷),北京:人民出版社,1991年版,第130页。

消;只有决定,没有检查,就是官僚主义的领导,它同强迫命令主义是一样有害的。这篇文章成为指导苏维埃基层组织做好工作的一个行动指南,对当时全国苏维埃政权的建设具有重要的意义。毛泽东在领导中国革命的过程中,正是因为根据新的情况、新的形势、新的变化,深入基层调查研究,掌握第一手材料,在此基础上制定出符合实际的路线、方针、政策,才能克服种种困难,夺取新民主主义革命伟大胜利。所以,我们要迎接新的机遇和挑战,就必须继承和发扬毛泽东深入实际调查研究和实事求是的优良作风。

2012年12月4日,由习近平总书记主持召开的中央政治局会议审议通过了关于改进作风,密切联系群众的"八项规定"。这是在新形势下,党为顺利实现"两个一百年"奋斗目标作出的重要决策,也体现了习近平总书记对坚持老一辈无产阶级革命家毛泽东开创的优良作风的充分重视。革命年代,中国共产党进行的是人民的战争,依靠人民的力量取得了伟大的胜利。社会主义现代化建设这项伟大的工程,同样也离不开人民,任何时候我们都不要忘记,人民群众是历史的创造者。一个政党要是脱离了群众,是会失去人民群众拥护与支持的,最终必定走向失败。

毛泽东才溪乡调查的革命实践和深入实际,密切联系群众,调查研究,实事求是的作风,是永远值得我们学习的。他所倡导的调查研究工作方法,对于今天我们从事中国特色社会主义的伟大建设工作仍然有着极为重要的借鉴作用。我们国家人口多,底子薄,幅员辽阔,情况复杂,在这样的一个大国进行大规模的社会主义现代化建设,没有固定的模式,也没有现成的经验可以照搬,更没有现成的理论可以照抄,唯一的办法就是靠我们发挥好"才溪乡调查精神",深入实际,调查研究,弄清事物的本质,发现新情况,积累新经验,解决新问题。

(四)才溪乡调查精神的现实启示

习近平总书记指出:"人民立场是中国共产党的根本政治立场,是马克思主义政党区别于其他政党的显著标志。"①习近平总书记在福建工作时倡导推动"四下基层"(信访接待下基层、现场办公下基层、调查研究下基层、宣传党的方针政策下基层)的工作方法,是对党的优良作风的传承弘扬,也是新时代走好群众路线的有效途径。站在新的历史起点上,面对全面深化改革的历史机遇,要大力弘扬才溪乡调查精神,脚踏实地地实现中华民族伟大复兴的中国梦。

1.弘扬才溪乡调查深入群众的精神,就是要切实转变工作作风

马克思、恩格斯在《神圣家族》中明确指出:"历史活动是群众的事业,随着历史活动的深入,必将是群众队伍的扩大。"②毛泽东始终坚持"人民群众是社会历史的创造者、是真正的英雄"的马克思主义群众史观,在苏区开展了一系列的社会调查,他将征询到的群众意见与自己的思考相结合,写下了彪炳千秋的《才溪乡调查》这一光辉著作,得出了革命战争与经济建设的关系,得出了只有真切关心群众生活,人民群众才会把革命当成他们的生命,当成他们无上光荣的旗帜的结论。新时代,我们必须要深入基层、多接地气、多向群众学习,才能真正把情况弄清、把症结找准、把思路理顺、把举措抓实,不断提高谋划和推动科学发展的能力。才溪乡调查的革命实践,是中国共产党一切依靠群众、一切为了群众,从群众中来、到群众中去的生动典范,要知道密切联系群众是中国共产党的优良传统和政治法宝,也是我们开展一切工作的根本方法。

① 习近平:《在庆祝中国共产党成立95周年大会上的讲话》,北京:人民出版社,2016年版,第18页。

② 张光明、罗传芳:《马克思传》,北京:中国社会科学出版社,2018年版,第104页。

2.弘扬才溪乡调查实事求是的精神，就是要真抓实干求实效

实事求是是马克思主义的精髓。当年，毛泽东正是通过一系列深入细致的调查研究，成功地将革命理论与中国实际相结合，探索出中国革命的正确道路。在才溪乡调查中，毛泽东就是运用马列主义的立场、观点、方法，对才溪人民的革命斗争实践进行了全面、系统、周密的调查和科学的总结，求真务实，才写成《乡苏工作的模范——才溪乡》（即《才溪乡调查》），明确体现了实事求是的才溪乡调查精神。回顾百年党史，我们发现，什么时候重视调查研究，坚持实事求是，党和人民的事业就能顺利发展；反之，则要遭受损失。习近平总书记一再强调："实事求是，是马克思主义的根本观点，是中国共产党人认识世界、改造世界的根本要求，是我们党的基本思想方法、工作方法、领导方法。"①新时代，我们必须要坚持解放思想、实事求是、与时俱进的思想路线，把真抓实干作为重要导向和内容，才能在全党全社会形成重实际、说实话、务实事、求实效的风气，才能全面推进改革开放和社会主义现代化建设伟大事业。

3.弘扬才溪乡调查执政为民的精神，就是要切实关注民生

历史是人民创造的，是人民群众的铜墙铁壁铸就了中国革命的辉煌历史。在实现中华民族伟大复兴的中国梦征程中，人民群众依然是历史前进的主人。习近平总书记强调："我们任何时候都不能忘记，坚持以人民为中心，把增进人民福祉、促进人的全面发展、朝着共同富裕方向稳步前进作为经济发展的出发点和落脚点。"②才溪乡调查精神是伟大建党精神中"对党忠诚、不负人民"在苏区时期

---

① 《习近平新时代中国特色社会主义思想学习纲要》，北京：学习出版社、人民出版社，2019年版，第242～243页。

② 《习近平关于社会主义经济建设论述摘编》，北京：中央文献出版社，2017年版，第39页。

的"活水"涌流和具体表现。新时代,继承和发扬才溪乡调查执政为民精神,就必须始终坚持立党为公、执政为民,全力增进民生福祉,更好顺应人民对美好生活的向往,真心实意为群众谋利益。只有心系民众的冷暖温饱,始终把群众利益放在第一位,把切实解决群众的问题作为根本,才能得到人民群众发自内心的拥护,中国共产党才能永远立于不败之地。

4.弘扬才溪乡调查勇于探索的精神,就是要勇于开拓创新

回顾中国共产党一百多年的发展历程,不畏艰险、勇于探索,这是共产党人在长期革命实践中所铸就的革命精神,是克敌制胜的传家法宝,是中国共产党与生俱来的精神基因和鲜亮标识。在它的感召和鼓舞下,一代代中国共产党人在各种风险和挑战面前勇往直前,探索出了一条中国特色社会主义发展之路。今天,我们正行进在为实现中华民族伟大复兴而努力奋斗的征程中,然而船到中流浪更急,面临百年未有之大变局,挑战和风险日益严峻和复杂,我们需要继续发扬勇于探索的精神。新时代,继承和弘扬才溪乡调查勇于探索的精神,就必须将其转化为推动高质量发展的强大精神动力,凝心聚力、攻坚克难、开拓创新、锐意进取,创造出无愧于党、让人民满意的一流业绩,让人民真真正正地过上美好幸福的生活。

三、苏区精神

苏区精神是中国共产党的革命精神之一,是指土地革命战争中在赣南、闽西革命根据地的基础上发展起来的中央革命根据地(中央苏区)人民和革命战士,在党领导创建、发展和保卫苏区革命实践中培育形成的伟大革命精神。

大革命失败后,民主革命阶段最长的土地革命战争时期到来。

中国共产党领导的武装起义如火如荼,遍及全国 12 个省约 150 个县的广大地区,建立了一个又一个革命根据地,即苏维埃区域。至 20 世纪 30 年代前期,影响甚大的苏区达 13 个,其鼎盛时期的面积共 40 余万平方公里,辖人口 3000 万,星星之火成燎原之势。苏区精神,就是党在领导创建、发展和保卫苏区革命实践中培育形成的伟大革命精神。它是各个苏区的广大红军指战员和人民群众进行革命斗争的强大精神力量,是表现党领导的民主革命历程"精神"系列的重要组成部分。从历史的文脉来说,它是对井冈山精神的传承和发展,是长征精神的直接源泉。

(一)苏区精神的内涵

毛泽东、朱德、周恩来等老一辈无产阶级革命家在赣南、闽西这片红土地上建立了中央苏区,成立了中华苏维埃共和国临时中央政府,开始了对中国革命道路艰苦卓绝的探索。与此同时,全国苏维埃运动风起云涌,共产党领导工农大众"扛起红旗闹革命",十几个苏区革命根据地如雨后春笋般在全国十多个省先后建立。福建是红色文化资源大省,是红军的故乡和将帅的摇篮,是毛泽东思想的早期形成地。福建苏区军民在党和苏维埃政府领导下,为中国革命作出了重大贡献,福建中央苏区培育了宝贵的苏区精神。苏区精神就产生于以中央苏区为代表的广大苏区的革命、建设和发展的实践过程中。它是苏区军民英勇抗敌的真实写照,是苏区军民伟大精神风貌的重要体现,是中国共产党人崇高革命风格的生动展现。苏区精神的主要内涵是"坚定信念、求真务实、一心为民、清正廉洁、艰苦奋斗、争创一流、无私奉献"。

(二)苏区精神的具体表现

心有所信,方能行远。苏区军民用鲜血和生命铸就的苏区精神,始终承载着共产党人的初心和使命,是我们"踏着先烈血迹前进"的不竭精神动力。

1.坚定信念

理想信念,是一个人,乃至一个政党、一个民族、一个国家、一支军队赖以生存的精神支柱。对马克思主义的信仰和对共产主义、社会主义的信念,是中国共产党的政治灵魂,也是经受生死考验的强大精神力量。"敌人只能砍下我们的头颅,决不能动摇我们的信仰!因为我们信仰的主义,乃是宇宙的真理!"这是方志敏烈士如磐信仰的写照!面对敌人的高官厚禄诱惑和生死考验,刘伯坚烈士用"生是为中国,死是为中国,一切听之而已"的慨然气度来回应。誓死不投降,猛然咬破手指,从身上脱下白布褂用鲜血写下"死到阴间不反水,保护共产党万万年"铮铮誓言的江善忠烈士,选择纵身跳下悬崖,用生命谱写了一首坚守信念初心的赞歌。

2.求真务实

深入开展调查研究,坚持求真务实,不唯上、不唯书,只唯实,深刻体现了中国共产党人在苏区时期求真务实担使命的艰辛探索。毛泽东写于1930年5月的《反对本本主义》强调:"没有调查,没有发言权。""马克思主义的'本本'是要学习的,但是必须同我国的实际情况相结合","中国革命斗争的胜利要靠中国同志了解中国情况",一个个精辟的论断振聋发聩。自此,"没有调查就没有发言权""没有正确的调查同样没有发言权"成为中国共产党响亮的口号。"亲口尝一尝梨子的滋味"在苏区蔚然成风,依据正确的调查研究,中央苏区不断出台、修订、完善了一个个政策法令,走出了一条马克思主义理论和中国革命实践相结合的崭新革命道路。

3.一心为民

中国共产党从成立的第一天起,就开宗明义地指出:"共产党是为维护无产阶级的利益而奋斗的"。中华苏维埃共和国是中国历史上第一个全国性的工农民主政权,是共产党人治国理政的"试验田"。苏区时期,中国共产党正是因为践行了一心为民的执政理念,才形成了一道什么力量也无法打破的"真正的铜墙铁壁"。1934年1月,毛泽东在"二苏大"上号召党员干部要"关心群众生活,注意工作方法",真心实意为人民谋利益,解决群众的问题。正是因为苏区干部时时处处与群众想在一起、干在一起,为老百姓打井、割禾、碾米、建房等,从而赢得了群众的交口称赞:"共产党真正好,什么事情都替我们想到了。"

4.清正廉洁

坚决反对腐败,努力建设廉洁政府,是中国共产党人在苏区时期的鲜明政治本色。为避免贪污腐败浪费等现象的滋生与蔓延,自1932年始,苏维埃中央政府就开展了声势浩大的以肃清贪污浪费为主要内容的廉政运动,有针对性地在制度层面上制定和出台了一系列法律法规,明确了具体要求,正式开启了党史上第一次大规模的反腐败运动,为保持党的清廉本色筑牢了防线。以严惩贪官谢步升为例,在案件查办过程中,阻力重重,毛泽东力主严惩,并指示说:"腐败不清除,苏维埃旗帜就打不下去,共产党就会失去威望和民心!"正是因为实行了一系列坚决有力、行之有效的反腐措施,加之毛泽东等领导人坚持以上率下的清廉作风,才创建了一个"空前的真正的廉洁政府",赢得了苏区民众的高度赞誉。

5.艰苦奋斗

"苏区干部好作风,自带干粮去办公,日穿草鞋闹革命,夜打灯笼访贫农",一首苏区山歌不仅写实了苏区干部艰苦奋斗、真心实意为群众服务的历史场景,更表达了苏区民众对干部好作风的赞颂之情。苏区时期,由于国民党残酷的军事"围剿"和严密的经济封锁,中央苏区的物资严重匮乏,广大军民的生活异常艰苦困难。但是,苏区军民有盐同咸，无盐同淡。为了支援前线，毛泽东严以律己，带头节衣缩食，只点一根灯芯，每天改吃两餐，节约一餐口粮送红军。苏区人民则以红薯、青菜充饥，节约粮食支援前线。"节约每个铜板为着战争和革命事业"，成为苏区军民的自觉行动，共同谱写了一曲艰苦奋斗创伟业的光辉赞歌。

6.争创一流

苏区时期，在毛泽东、朱德、周恩来等领导人言传身教带领下，广大苏区干部争一流、创一等，勤奋工作，为民服务，涌现出了许多各方面工作都取得优异成绩的模范县、乡，成为蜚声苏区的楷模。赣东北省委、兴国县委及长冈乡、才溪乡苏维埃政府，创造了"第一等的工作"，受到毛泽东和苏维埃中央政府的表彰，他们的先进事迹，充分显示了中国共产党人善于创造的作为担当。一大批主动作为的先进模范先后涌现，比如扩红模范瑞金县，春耕模范瑞金武阳区和石水乡，以及模范消费合作社上杭县才溪乡，兴国上社区，瑞金壬田区、武阳区、石水乡等，还有模范党支部兴国县高兴区黄岭乡党支部、胜利县平安区党支部等。"第一等的工作"的典型模范带头作用，展示了苏区干群的作为担当，对苏区各项工作起到了极大的推动作用。

7.无私奉献

为人民而奋斗的无私奉献精神，体现了马克思主义政党的政治品格，是中国共产党最宝贵的精神财富。由于共产党和苏维埃政府真心实意地为群众谋利益，赢得了苏区群众真心实意拥护革命、拥护苏维埃，无私地将一切奉献给革命、奉献给红军、奉献给苏维埃。在血与火的峥嵘岁月里，苏区民众把最后一块布做军装，最后一口粮做军粮，最后一个儿子送战场！先后涌现了瑞金沙洲坝杨荣显一家"八子参军，壮烈牺牲"、兴国县高兴乡邱会培一家 12 口"全家革命,满门忠烈"、兴国籍革命烈士李美群"马前托孤、义无反顾"、于都籍革命烈士马德明"宁为革命牺牲亲生儿"等感人事迹。正是这种"一切为了苏维埃"的无私奉献精神,使党和红军能够在极端困难时期不断发展与壮大,最终夺取革命的伟大胜利。

(三)苏区精神的历史影响

伟大的事业需要伟大的精神。为了"创造中国新社会的序幕",中国共产党人敢教日月换新天,在苏区范围内创建了一个完全有别于中国既往的任何政权形态,可以说是一种"全新的政治制度形态"的崭新政权,真正实现了人民当家作主。正如毛泽东在中华苏维埃共和国成立时所说:"党开辟了人民政权的道路,因此也就学会了治国安民的艺术。党创造了坚强的武装部队,因此也就学会了战争的艺术。"新生的红色政权在"围剿"与反"围剿"、封锁与反封锁的激烈较量中,创造性地领导各苏区特别是中央苏区的政治、经济、军事、文化、教育、卫生、体育等各项事业,积累了宝贵的治党、治国、治军经验,形成了彪炳千秋的苏区精神,产生了巨大的历史影响。从历史的脉络来说,苏区精神是对井冈山精神的传承和发展,是长征精神的直接源泉。

(四)苏区精神的现实启示

斗转星移,跨越将近一个世纪的风云,当年苏区如火如荼的革命斗争已成历史记忆,但伟大的苏区精神仍然闪耀着真理的光芒。2019 年 5 月,习近平总书记在视察江西革命老区时指出:"要从瑞金开始追根溯源,深刻认识红色政权来之不易、新中国来之不易、中国特色社会主义来之不易。"习近平总书记三个"来之不易"的深情概述,深刻揭示了在艰苦卓绝革命斗争中所孕育形成的苏区精神仍然散发着耀眼的时代光芒。苏区精神无疑是中国共产党人的立身之本、胜利之源、执政之基、发展之宝，是中国共产党革命精神谱系的重要组成部分，它见证了中国共产党人一心为民、敢于斗争、勇于胜利的革命理想和信念追求，仍然具有多重维度的时代价值。

1.弘扬"革命理想高于天"的优良传统，打造"听党话、跟党走"的福建样板

作为原中央苏区核心区域，福建蕴含着丰富的革命精神和厚重的红色历史文化内涵，这是福建早期共产党人始终坚守马克思主义信仰、坚定共产主义和社会主义理想信念而不懈奋斗的结果。在新的历史时代，开启党的建设新的伟大工程中，理应传承好红色基因，把坚定理想信念作为党的思想政治建设的首要任务，教育引导广大党员干部牢记党的宗旨，牢固树立政治意识、大局意识、核心意识、看齐意识，点亮理想的火炬，坚定弘扬"革命理想高于天"的优良传统，让先进思想始终占领精神高地，打造"听党话、跟党走"的福建样板。

2.传承政治风范，继承苏区优良传统作风，营造干事创业好氛围

虽然现在中国共产党所处的历史方位、目标任务已有很大的变化，但是，苏区时期传承下来的全心全意为人民服务的政治宗旨没有变，福建中央苏区干部好作风的优良传统没有变，仍然是新时代广大党员干部创造更好业绩、投身建设新的伟大工程的重要法宝。我们要大力继承苏区优良传统作风，弘扬习近平总书记在福建工作时倡导的"滴水穿石"精神和"马上就办"优良作风，弘扬"闹革命走前头，搞生产争上游"的苏区优良传统，时时刻刻把保障和改善民生当作政治使命，激流勇进突破发展瓶颈，不畏艰险推动改革大业，攻坚克难化解社会问题，以更加坚强的凝聚力、战斗力、执行力，凝聚起推动福建改革发展的强大正能量，营造干事创业的良好氛围。

3.筑牢政治堡垒,建设先进性基层党组织,打牢政治根基

党的基层组织建设是党的建设的重要基础。我们要充分利用福建红色遗存多、红色文化丰富的优势,实施"红土先锋"基层党建典型培育行动计划,使党的基层组织政治特色鲜明。突出政治功能,担负起用先进思想教育党员、管理党员、监督党员和组织群众、宣传群众、凝聚群众、服务群众的职责;强化政治执行力,着力解决一些基层党组织弱化、虚化、边缘化问题;增强政治参与面,推进党务公开,创新运用"党员 e 家"等平台,畅通党员特别是流动党员参加党内生活、参与党内事务的渠道。围绕增强"政治性、先进性、群众性"目标,把党的基层组织打造成坚强的战斗堡垒。

4.涵养好政治生态的青山绿水,持之以恒正风肃纪

1929 年 12 月 28 日至 29 日在福建省上杭县古田召开的古田会议,提出了要严格执行"三条纪律八项注意",解决了"组织松懈""纪律敷衍"等问题,对于如何加强党内教育保证党的队伍的纯洁性,也立下了一系列的规矩,为广大党员、干部在思想上画出了红线、在行为上明确了界限。今天,我们要从苏区历史中汲取营养智慧,更好地弘扬苏区精神,认真贯彻落实中央八项规定及其实施细则精神,自觉遵守新形势下党内政治生活若干准则和持之以恒纠正不良习气、树立清风正气,以反腐败永远在路上的坚韧和执着,深化标本兼治,保证干部清正、政府清廉、政治清明。

四、长征精神

伟大长征的革命壮举是中国共产党人和中国工农红军用生命谱写的壮丽史诗,伟大长征精神是革命先驱留给后人的宝贵财富。福建中央苏区孕育了伟大的长征精神。福建是中央红军长征前最后的主战场,福建军民的英勇苦战为主力红军的战略转移赢得了宝贵的时间。长汀、宁化是"中央苏区战略的锁匙",是中央红军长征的重要出发地。福建人民在人力、物力、财力等方面为红军提供了无私援助,为长征提供了强有力的后勤保障。福建子弟兵有近3万人踏上了长征之路,在湘江战役等阻击战役中作出重大牺牲,到达陕北时福建籍红军仅剩下2000余人。留守福建的苏区军民坚持了三年游击战争,建立了闽西、闽粤边、闽赣边、闽北、闽东和闽中6块游击区,占当时南方八省15块游击区的1/3,牵制了约20万国民党兵力,在战略上策应了红军主力的长征,而且同南方各游击区一起,形成了重要的第二战场,保持了中国革命的重要战略支点,为中国革命的最终胜利奠定了基础。

(一)长征精神的内涵

"长征精神"这一概念的提出有一个历史过程,它是在不断探讨和总结红军长征胜利的原因时提出,进而逐步明晰明朗起来的。"长征精神"概念是对中国工农红军长征这一伟大实践所体现出的人格魅力和思想内涵的高度概括和提炼。它是无数红军大无畏精神和革命乐观主义的反映,是红军集体精神、品质的体现。1935年10月的共产国际会议上,陈云做了关于红军长征情况的报告。在这个报告中,陈云将长征胜利的原因归于"英雄主义精神和高明的领导""党的正确领导""正确对待群众和得到群众的支持"等方面,其中还提到所拥有的一支"真正富有自我牺牲精神""英勇无畏"的"为实现共产国际总路线而斗争的干部队伍"。之后,有人将这一报告加以整理和补充并以《英勇的西征》为题进行发表。在1936年3月,国外报刊还登载了陈云的《随军西行见闻录》。不仅如此,周恩来在1936年10月红军三大主力胜利会师时提出了"我们一刻也不能丢掉长征精神"①的重要论断。"长征精神"的概念由此出现。

在长征胜利结束后的不同时代和历史时期,众多领导人先后以不同的形式对长征精神进行概括、阐释、演绎等。其中有朱德在1937年接受史沫特莱采访时的谈话;新中国成立前夕,毛泽东的论述;改革开放之初,邓小平也对之做了深刻的阐发;此外还有徐向前、杨尚昆在长征胜利50周年时的谈话,以及江泽民、胡锦涛、习近平等党和国家领导人的新诠释。新时期,习近平总书记对长征精神的内涵和外延作出了最新的论述:"伟大的长征精神,就是把全国人民和中华民族的根本利益看得高于一切,坚定革命的理想和信念,坚信正义事业必然胜利的精神;就是为了救国救民,不怕任何艰难险阻,不惜付出一切牺牲的精神;就是坚持独立自主、实事求是、一切从实际出发的精神;就是顾全大局、严守纪律、紧密团结的精神;就是紧紧依靠人民群众,同人民群众生死相依、患难与共、艰苦奋斗的精神"②,伟大长征精神是中国共产党人及其领导的人民军队革命风范的生动反映,是中华民族自强不息的民族品格的集中展示,是以爱国主义为核心的民族精神的最高体现。

(二)长征精神的具体表现

伟大长征精神,作为中国共产党人红色基因和精神族谱的重要组成部分,已经深深融入中华民族的血脉和灵魂,成为社会主义核心价值观的丰富滋养,成为鼓舞和激励中国人民不断攻坚克难、从胜利走向胜利的强大精神动力。回顾长征艰苦卓绝的战斗岁月,把握和理解长征精神的深刻内涵,对于我们在新时代弘扬伟大长征精

① 陈丕显等:《星火燎原:未刊稿》(第5集),北京:解放军出版社,2007年版,第270～271页。
② 习近平:《在纪念红军长征胜利80周年大会上的讲话》,人民网,2016年10月21日。

神,实现中华民族伟大复兴的中国梦具有重要意义。

1.把全国人民和中华民族的根本利益看得高于一切,坚定革命的理想和信念,坚信正义事业必然胜利的精神

坚定理想信念始终是中国共产党的一大优势。中国共产党一经成立,就把信仰马克思主义、坚定共产主义信念写在了党的旗帜上。毛泽东领导的"三湾改编"确立"党指挥枪"的根本原则,坚持"支部建在连上",保证了党对军队的绝对领导,奠定了政治建军的基础。朱德在领导"赣南三整"时,为了激励全体指战员在黑暗中看到光明,指明了中国革命最后必定会胜利;由毛泽东起草的著名的古田会议决议的第一部分——《关于纠正党内的错误思想》,是中国共产党及其领导的人民军队建设的纲领性文献,其精神至今仍有重要的现实意义。在风雨如磐的长征路上,崇高的理想、坚定的信念,激励和指引着红军一路向前。长征途中,面对艰难困苦时,红军官兵讲得最多的话是"只要跟党走,一定能胜利"。面对国民党的围追堵截,面对严酷无情的自然环境,面对绝地断粮等生死考验,红军将士能够克服重重困难,战胜强大敌人,靠的就是坚定的共产主义理想和革命必胜的信念。据史料记载,在红一方面军二万五千里的征途上,平均每300米就有一名红军牺牲。艰难可以摧残人的肉体,死亡可以夺走人的生命,但没有任何力量能够动摇中国共产党人的理想信念。心中有信仰,脚下有力量;没有牢不可破的理想信念,没有崇高理想信念的有力支撑,要取得长征胜利是不可想象的。坚定的理想信念经过长征的淬炼,成了中国共产党人永远的精神之"钙"。随着时代发展,其思想内涵与时俱进,表达形式不断创新,思想精髓永放光芒。

2.为了救国救民,不怕任何艰难险阻,不惜付出一切牺牲的精神

不怕艰难险阻,不怕流血牺牲,是中国共产党人的宝贵品格。李大钊在传播马克思主义时就指出,"牺牲永远是成功的代价"。这种革命英雄主义精神在长征中得到充分展示。红军战士面对的是国民党军队的飞机大炮,是恶劣至极的自然条件,他们抱定以死求生的革命信念和顽强意志,与敌人展开殊死搏斗,征服空气稀薄的雪山寒岭和渺无人烟的沼泽草地。在惨烈的湘江战役中,红三十四师师长陈树湘率领全师与十几倍于己的敌人殊死激战,在突围战斗中腹部受伤,国民党军队用担架将他押往长沙时,他宁死不做俘虏,从伤口处把自己的肠子扯断而壮烈牺牲。正是有了这种精神,红军将士才能够依靠落后的武器装备,四渡赤水,巧渡金沙江,强渡大渡河,飞夺泸定桥,击退上百万追兵阻敌。跨越雪山草地是红军长征中极为艰苦的历程,红军战士在"爬过雪山就是胜利""走出草地就有希望"口号的鼓舞下,以惊人的毅力战胜了雪山草地。在漫漫征途中,跨越近百条江河,攀越几十座高山险峰,穿越被称为"死亡陷阱"的茫茫草地,用顽强意志征服了人类生存极限。"不怕任何艰难险阻,不惜付出一切牺牲"体现了高尚的革命英雄主义精神,这种精神不仅是长征胜利的基础,也是我们战胜一切困难的动力。在新时代,我们还有许多"雪山""草地"需要跨越,还有许多"娄山关""腊子口"需要征服,必须进一步保持和发扬这种英雄气概和革命精神,压倒一切敌人而不被任何敌人所压倒、征服一切困难而不被任何困难所征服。

3.坚持独立自主、实事求是,一切从实际出发的精神

长征中,中国共产党依靠自身解决了党内问题,确保了党的正确领导,这便是坚持独立自主方针的结果。长征的胜利,是在实事求是、一切从实际出发的精神指导下实现的。从长征出发到血战湘江,红军损失惨重,残酷的现实已说明依靠以博古等人为首的临时中央不能领导党和红军完成历史使命,这就是当时全党面对的最大实际。从挽救党和红军、实现战略转移的需要出发,在上海党的秘密机构遭到破坏、与共产国际失去联络的情况下,1935年1月,中国共产党首次独立自主地召开遵义会议,并作出一系列正确的重大决策。在毛泽东、周恩来、张闻天、王稼祥等人的积极推动下,会议批判了第五次反"围剿"以来军事指挥上的错误,调整了中央领导机构,增选毛泽东为政治局常委,从组织上保证了党的正确路线得以贯彻执行。遵义会议后,在军事上,毛泽东根据敌众我寡、敌强我弱的实际,正确地指明了红军战略转移的方向,在党的坚强领导下,红军冲破敌人的围追堵截,历经艰辛,胜利到达陕北;在政治上,把长征的"大搬家"变成北上抗日,广泛宣传中国共产党政治主张,同张国焘主张南下并分裂党和红军的错误进行了坚决的斗争;在与国民党和其他党派的关系上,逐渐由"反蒋抗日"转变为"联蒋抗日",动员形成抗日民族统一战线,促成了国共第二次合作。实践证明,中国共产党人有能力左右自己的命运。经过一次次血与火的检验,中国共产党也更加深刻地认识到,能不能坚持实事求是,是不是坚持一切从实际出发是区别真假马克思主义政党的试金石。

4.顾全大局、严守纪律、紧密团结的精神

"顾全大局"体现着共产党人的集体主义观念,"严守纪律"是共产党人必须遵守的政治规矩,"紧密团结"则是取得一切胜利的保证。党的这些优良传统在长征中彰显出巨大威力。为了团结红四方面军一道北上抗日,党中央在同张国焘的错误行为进行坚决斗争的同时,适度满足其要求。张闻天主动提出让出自己担任的中共中央领导职务;周恩来提出让出自己担任的红军总政委一职。同时,党中央通过各种方式表达对红四方面军指战员的极大关怀,使红四方面军最终有勇气冲破张国焘的阻力，坚定地回到党中央怀抱。长征完成后，党中央认真总结长征留下的宝贵财富，高度重视顾全大局、严守纪律、紧密团结精神，并从制度上保证每个党员特别是领导干部牢固树立全局意识、纪律意识、团结意识。1938 年 11 月，扩大的中共中央六届六中全会作出《关于中央委员会工作规则与纪律的决定》《关于各级党部工作规则与纪律的决定》，进一步严明了党的纪律要求。新中国成立以来，为了保证党的团结和统一，中国共产党坚持和完善民主集中制，提出"团结—批评—团结"的公式，强调坚持民主集中制，发扬党内民主，开展好批评和自我批评，维护好党的团结统一。党的十八大以来，"顾全大局、严守纪律、紧密团结的精神"得到进一步发展，要求全党必须增强政治意识、大局意识、核心意识、看齐意识，遵守党的政治纪律、组织纪律、廉洁纪律、群众纪律、工作纪律、生活纪律。对团结问题也提出更高要求，要求全党增强党内政治生活的战斗性，坚持以整风精神开展批评和自我批评，旗帜鲜明地坚持真理、修正错误、统一意志、增进团结，坚决防止和克服党内政治生活一团和气、评功摆好、明哲保身的倾向，取得了实实在在的成效。

5.紧紧依靠人民群众，同人民群众生死相依、患难与共、艰苦奋斗的精神

中国共产党一经成立，就以"救国救民"旗帜唤醒劳苦大众；土地革命时期，"打土豪、分田地"的口号使广大农民自觉自愿跟党走；长征路上，红军战士"半条被子"的故事广为传颂："什么是共产党？共产党就是自己有一条被子，也要剪下半条给老百姓的人。"[①]正是由于中国共产党始终坚持全心全意为人民服务，一切为了人民，一

———————————

① 罗开富：《红军长征追踪》(上)，北京：经济日报出版社，2017 年版，第 40 页。

切依靠人民,才赢得了广大人民群众衷心的支持和拥护。1935年5月,中央红军渡过金沙江后,一路冲破国民党军队的围追堵截,进入冕宁县境,在彝海边,红军总参谋长兼先遣队司令刘伯承按照彝族传统习俗,与彝族首领小叶丹结为兄弟,并向他们宣传党的民族政策和革命道理。彝海结盟为红军顺利通过彝民区继续北上,最终取得长征胜利创造了条件。正如习近平总书记指出的:"同人民风雨同舟、血脉相通、生死与共,是中国共产党和红军取得长征胜利的根本保证,也是我们战胜一切困难和风险的根本保证。"①

(三)长征精神的历史影响

1934年10月,中央红军及中央机关共8万多人,先后从福建的长汀、宁化和江西的瑞金、于都等地出发,向西突围,开始了二万五千里漫漫长征。福建是万里长征的起点之一,中央红军长征的重要出发地,也是红军长征胜利的战略基地。在这场人类历史上无与伦比的伟大壮举中,福建人民和福建子弟兵以其无私的付出、顽强的坚持、伟大的牺牲,为长征胜利作出了杰出贡献,用自己的生命和鲜血谱写了惊天地、泣鬼神的不朽诗篇。

中国共产党领导红军进行的长征,是百年党史进程中的一个重大事件。主要生成于长征时期的长征精神,缘此具有重要的历史意义。长征精神源于80多年前的一次军事行动,创造这一精神的主体是中国共产党及其领导下的红军将士,但长征精神不仅与政治息息相关,成为中国共产党的重要政治资源、政治财富,而且与经济、文化、社会等各个领域息息相关,对中国历史发展的走向产生了全方位的影响。红军长征在党史上具有深远影响,长征精神在中国共产党人精神谱系中居于重要地位,这是长征精神具有历史意义与理

① 习近平:《在纪念红军长征胜利80周年大会上的讲话》,人民网,2016年10月21日。

论价值的基本逻辑。一方面,从百年党史的主题和主线来看,一部中国共产党的历史就是一部不懈奋斗史、不怕牺牲史、理论探索史、为民造福史、自身建设史。这五个方面都在长征的历史进程中得到了集中而生动的呈现。把握长征精神的丰富蕴涵,加强长征精神的研究宣传,对于深化党史学习教育、赓续传承红色基因、总结党的历史经验、弘扬党的优良传统,以及更深刻地理解"中国共产党为什么能""中国特色社会主义为什么好""马克思主义为什么行""中国人民解放军为什么赢"等重大课题,更清醒地认识"我是谁""为了谁""我从哪里来""我到哪里去""我要干什么""我该怎么干"等根本问题,都具有重要的理论价值。另一方面,从长征精神在中国共产党人精神谱系中的地位来看,长征这一伟大的战略转移,在空间上使中国共产党领导革命的大本营从南方转换到北方,从上海—瑞金转移到延安,长征精神也成为从伟大建党精神(井冈山精神、苏区精神)转变到延安精神(抗战精神、西柏坡精神)的枢纽。行程数万里的长征被誉为"地球的红飘带",长征精神则是革命精神谱系中的一条重要纽带。长征时期波澜壮阔、举世罕见的斗争历程,使长征精神既蕴含了坚定理想信念、实事求是、全心全意为人民服务等与建党精神一脉相承的精髓要义,又凸显了革命英雄主义、革命乐观主义、革命集体主义等独特鲜明的精神元素,并为延安精神的形成和发展奠定了基础、提供了支撑。同时,长征精神对其后各种精神的形成和发展,都不可避免地会产生程度不等的影响,有的甚至是直接的和主要的影响。① 准确把握长征精神的历史意义和理论价值,有助于我们从大历史观认识长征和长征精神在百年党史中的深刻意蕴,进而以理论上的深刻、政治上的清醒,启发行动上的自觉,更加自

---

① 陈晋:《传承和弘扬中国共产党的"精神谱系"》,《光明日报》,2016 年 6 月 29 日,第 1 版。

党地赓续红色基因,当好长征精神传人。

(四)长征精神的现实启示

中国工农红军创造了史无前例的长征奇迹、书写了举世无双的长征史诗,造就了英勇无畏、坚忍不拔的长征精神。苦难辉煌的长征历史、无与伦比的长征精神,也是福建苏区军民共同参与创造的最宝贵的精神财富。今天,我们正在新的历史条件下进行具有许多新的历史特点的伟大斗争,正在为实现第二个百年奋斗目标进行新的伟大长征。我们迫切需要从长征历史和长征精神中不断汲取营养和智慧,不忘初心,继续前进,为实现中华民族伟大复兴的中国梦奋发作为。

1.必须永远牢记长征的胜利是中国共产党正确领导的胜利

弘扬长征精神,必须把党要管党、全面从严治党作为一项长期而紧迫的任务,持之以恒地抓实抓好。毛泽东在总结长征经验时指出:"谁使长征胜利的呢? 是共产党。没有共产党,这样的长征是不可能设想的。"[1]在中国共产党和红军生死存亡的重大历史关头,正是通过召开遵义会议,确立毛泽东在中共中央和红军中的实际领导地位,才能在敌军的重兵围堵中适时调整战略方向,使战略退却转变为开创中国革命新局面的伟大进军。长征胜利的历史充分证明,坚强有力的党的领导是我们的事业取得胜利的根本保证。当前,中国共产党正在进行具有许多新的历史特点的伟大斗争,面对世情国情党情的深刻变化,"四大考验"和"四种危险"更加尖锐地摆在全党面前,落实党要管党、全面从严治党的任务比以往任何时候更为繁重、更为急迫。为此,我们要深入学习领会习近平总书记关于"党要管党才能管好党,从严治党才能治好党"的重要论述,不断深化对党

---

[1] 《毛泽东选集》(第1卷),北京:人民出版社,1991年版,第150页。

要管党、全面从严治党规律的认识,常怀忧党之心,恪尽兴党之责,努力把爱党、护党、为党、兴党之行落到实处,确保党始终成为中国特色社会主义事业的坚强领导核心。

2.必须永远牢记长征的胜利是坚定革命理想信念的胜利

弘扬长征精神,必须始终对马克思主义的信仰坚定不移,对社会主义和共产主义的信念坚定不移。一部红军长征史,就是用理想和信念凝聚而成的英雄史。那种"明知征途有艰险、越是艰险越向前"的英雄气概,来源于红军将士对革命必胜的坚定信念,他们坚信"只要跟党走,跟着抗日救国的理想走,就会有前途"。这种伟大的理想、坚定的信念,历经岁月磨炼而更加璀璨夺目、催人奋进。当前,随着价值观念日渐多元,各种思想文化交流交锋日趋活跃,意识形态领域斗争愈加尖锐复杂,党员领导干部理想信念正面临许多新的严峻挑战。习近平总书记指出,理想信念就是共产党人精神上的"钙",没有理想信念,理想信念不坚定,精神上就会"缺钙",就会得"软骨病"。我们要大力弘扬长征将士"革命理想高于天"的崇高精神,始终把理想信念当成政治灵魂和安身立命的根本,进一步坚定道路自信、理论自信、制度自信和文化自信,固守共产党人的精神家园。

3.必须永远牢记长征的胜利是依靠人民群众的胜利

红军长征胜利的重要法宝是相信群众、依靠群众,坚持从群众中来,到群众中去的基本政策。红军是人民的军队,脱离了人民,人民军队就无法生存与发展。一部红军长征史,就是一部党和红军与人民同生死、共命运、心连心的团结奋斗史。长征途中,红军纪律严明,主动关心群众、宣传群众、武装群众,帮助群众建立革命政权。长征的胜利告诉我们,党的根基在人民,血脉在人民,力量在人民。当前,部分老区、苏区还相对贫困,它们当年为了革命和新中国的成立不惜流血牺牲,作出过巨大贡献,对此,习近平总书记在闽工作期间曾多次深情表示:"忘记老区,就是忘本;忘记历史,就是背叛。"我们要牢记习近平总书记来闽考察调研时多次强调的"饮水思源,勿忘老区""决不能让一个苏区老区掉队"的殷切嘱托,把长征中那种同志之间情同手足、党群关系紧密团结的好传统、好作风进一步发扬光大,大力弘扬"滴水穿石""马上就办""四下基层"等优良传统作风,用实际行动推动八闽大地高质量发展,让八闽人民群众共享改革发展成果。

第五章　红色基因在八闽大地
代代相传机制探讨

习近平总书记强调指出："共和国是红色的,不能淡化这个颜色。"①红色基因就是要传承,中华民族从站起来、富起来到强起来,经历了多少坎坷,创造了多少奇迹,要让子孙后代牢记,我们要不忘初心,永远不可迷失了方向和道路。福建拥有独特而丰富的红色文化资源优势,红色文化蕴含丰富的精神内涵,包含了中国共产党人的理想信念、革命意志、家国情怀和价值追求,在新时代对青少年思想信念、价值理念、道德观念形成和发展具有重要的作用。福建是习近平新时代中国特色社会主义思想的重要孕育地和实践地,习近平总书记始终高度重视、关心关怀福建发展,对福建的山山水水和父老乡亲有着深厚感情,这是福建高质量发展最为重大而独特的优势。习近平总书记曾在福建工作17年半,在政治、经济、社会、文化、生态文明和党的建设等方面,开创了一系列重要理念和重大实践。这些思想财富、精神财富和实践成果,对福建发展弥足珍贵,为福建发展指明了方向、注入了强大动力。

福建这片书写了中国革命光荣与梦想、浸染着无数革命先烈热血的红土圣地,饱含着习近平总书记的深情大爱。党的十八大以来,习近平总书记多次亲临福建考察,作出了一系列重要讲话重要

---

① 习近平:《看望参加全国政协十三届二次会议的文化艺术界、社会科学界委员时的讲话》,人民网,2019年3月4日。

指示,其中就有要求"推进红色基因传承"。全省上下尤其是各级党委、政府和大中小学校,牢牢把握社会主义办学方向,紧扣"培养什么人、怎样培养人、为谁培养人"这一根本问题,强化责任担当,积极构建红色基因在红土圣地代代相传的机制,将红色基因有效地融入立德树人的具体实践中,真正实现"让红色基因代代相传"。这已经成为新时代赋予福建这片红土圣地的永恒课题。

我们通过学习考察和调研等方式了解和关注到,近些年来,福建大中小学校认真贯彻落实习近平总书记重要讲话精神和立德树人的总要求,把红色基因传承融入教育教学、人才培养、师德师风建设、校园文化建设、社会服务等各个方面,充分利用当地的红色资源,不断创新红色教育形式,通过打造红色校园文化、开发红色课程,组织师生参观纪念馆、清扫红军街、讲红军故事、唱红色歌曲、读红色书籍等丰富多彩的活动,深入引导广大师生学习红色文化、传承红色基因,为红色教育注入活力,打造了一批特色鲜明、成效明显的工作品牌。基于此,我们在认真总结后,就"红色基因在红土圣地代代相传"机制建设提出如下实践思考。

一、确立红色文化育人工作理念

习近平总书记指出:"一个国家,一个民族,要同心同德迈向前进,必须有共同的理想信念作支撑。人民有信仰,民族才有希望,国家才有力量。"①对于学校而言,如何推动红色基因代代相传,进而引领青年学生树立牢固的马克思主义信仰,必须总结反思凝练好自身的红色文化育人理念。因为理念决定方向,思想决定行动,理念

---

① 中共中央宣传部:《习近平总书记系列重要讲话读本》,北京:学习出版社、人民出版社,2016年版,第188页。

是行动的先导。学校育人工作理念的确立究竟是为了什么？这对每一所学校而言都是一个很有现实意义的问题。归根结底说，育人工作理念就是一所学校的"灵魂"。一所学校在推进红色基因传承的探索和实践中，必须经过总结凝练明晰确立自己的红色文化育人工作理念。比如：在福建闽西龙岩，如何将古田会议精神融入教育之中？上杭县教育局给出的答案是"润物无声"。上杭县教育局大力挖掘以古田会议为代表的闽西红色教育资源，不搞大水漫灌，"根据儿童的身心发展特点，分学段、分类别，以愉悦身心的方式让孩子浸润其中学习体悟"。近年来，上杭县以"传承红色基因"作为师德师风建设及立德树人的教育脉络，将红色文化融入校园建设，开展丰富多彩的红色主题教育实践活动，大力实施"争做著名苏区好老师""争做著名苏区好学生"两项工程，20 余年来共表彰了 5000 余名"著名苏区好学生"。《光辉的榜样》《上杭苏区永流芳》《红上杭的故事》等一大批红色题材校本教材的先后涌现，更是让红色文化、革命精神教育进课堂成常态，代代传承。此外，强化馆校共建是近年来纪念馆发掘古田会议红色教育功能的又一大重要举措。目前，古田会议纪念馆已同省内的厦门大学、福建师范大学、闽南师范大学、龙岩学院、古田中学、古田中心小学等大中小学校确立了共建关系。2020 年，纪念馆还与共建校共同发起了"行走的课堂"活动，由专业讲解员进入校园以讲故事、趣味游戏、快板说唱、诗词朗诵等学生喜闻乐见的方式宣讲古田会议精神，强力推动红色基因代代相传工作往深里走、往实里走，以"为党育人、为国育才"初心和使命努力答好"时代之问"。

二、加强红色文化育人组织领导

习近平总书记指出："生活从不眷顾因循守旧、满足现状者，从不等待不思进取、坐享其成者，而是将更多机遇留给善于和勇于创新的人们。"①推进红色基因传承，是一项系统工程，需要人们善于创新、勇于创新。全省各部门和各级各类学校形成共识，破除因循守旧、不思进取的不良心态，以协同创新的形式方能见到成效。因此，创新红色文化育人的组织领导机制，必然是推进红色基因代代相传的根本保证。

为此，福建省文化和旅游厅加强领导，组织开发了一系列红色文化娱乐展示创新方式，深受年轻人的喜欢和热捧。如：红色文化游戏《冲锋吧！红军》让玩家亲身经历红军反"围剿"战斗、二万五千里长征中耳熟能详的红色战斗历程；在手机等移动设备上，通过下载"红色福建AR"APP，手指一点便可了解福建及中国的红色文化内容。今后福建还将在各地重点博物馆、纪念馆、展览馆等复制推广红色文化VR/AR、裸眼3D等技术形式，鼓励各相关设区市建立自身的红色文化网上展示馆分馆。同时，将红色文化娱乐产品纳入福建红色文化旅游项目，推出一批具有红色文化内涵的创新、创意文旅产品，让红色文化在各个群体中产生更大的影响力。

此外，全省各级各类学校还要着眼于长远，着力完善"党组织主导、上下联动、协调推进"的红色文化育人格局，将红色文化育人引入长效机制。比如：福建师范大学、厦门大学、福州大学、龙岩学院、三明学院、武夷学院、闽南师范大学、宁德师范学院等高校将红色文

---

① 中共中央宣传部：《习近平总书记系列重要讲话读本》，北京：学习出版社、人民出版社，2016年版，第287～288页。

化育人贯穿到"三全育人"工作体系中,成立了学校红色文化育人工作领导小组,构建起了校院两级上下联动、部门齐抓共管、师生全员参与、社会各界支持、多方协同推进的红色文化育人的工作体制和良好氛围。红色文化育人工作领导小组定期研究和部署全校红色文化育人工作,统筹推进全校红色文化育人工作,使学校红色文化育人工作深入人心、氛围浓厚、落地落实。

三、完善红色文化育人制度建设

习近平总书记强调:"制度是关系党和国家事业发展的根本性、全局性、稳定性、长期性问题。"[①]"天下难事,必作于易;天下大事,必作于细。"推进红色基因传承,需要从小事做起,从细节抓起,落到实处,这就需要育人过程的常态化和制度化做保障。毋庸置疑,建章立制是做好红色文化育人工作、推进红色基因传承的重要保障。比如:2017 年,三明学院、武汉理工大学、井冈山大学联合成立"三校红色文化协同创新中心",坚持优势互补、共建共享的原则,在组建研究队伍、红色文化宣传教育、红色文化人才培养、红色文化服务地方等方面开展深入合作。2021 年,福建京剧院编排上演了革命经典剧目《红灯记》、新编现实主义题材剧目《红土》《林祥谦》等,这些红色经典系列演出还将形成常态,进校园、进基层,力争覆盖更多的受众,让红色基因代代相传。此外,福建众多高校还将红色文化作为学校育人工作的"深厚支撑",坚持把制度建设作为学校顶层设计的重要内容,成立了红色文化育人领导机构,先后出台了推动红色文化育人的相关文件,构建起完整的红色文化育人制度体系,为

---

① 习近平:《在庆祝改革开放 40 周年大会上的讲话》,人民网,2018 年 12 月 18 日。

全面部署和统筹推进红色文化育人工作提供制度保障。这是做好顶层设计,推进红色基因传承的可借鉴的一种模式。

四、深化红色文化的研究与利用

习近平总书记指出:"历史是最好的教科书","中国革命历史是最好的营养剂"。① 福建红色资源极为丰富,拥有许多弥足珍贵的实物史料、革命旧址和纪念建筑。红色景点、红色纪念馆、红色标志物等资源是最生动的现场课堂。深化红色文化的研究与利用,系统阐发福建红色文化的历史渊源、历史事件及其文化价值,是落实习近平总书记关于"把红色资源利用好、把红色传统发扬好、把红色基因传承好"重要论述的基础。

2016 年 12 月 13 日,福建红色文化网上展示馆上线,福建红色文化 VR/AR 实体体验馆也在福建省革命历史纪念馆正式启动。这是目前全国内容最丰富的红色文化网上展示平台,它通过虚拟现实技术、裸眼 3D 等技术,实现远程、实时参观红色文化遗存遗迹,让人们在家就可以了解各地丰富多彩的红色文化。在学科建设方面,福建着力加强马克思主义理论一级学科以及中国近现代史基本问题研究二级学科博士点建设,支持福建师范大学等高校党的建设二级学科博士点发展。中共福建省委宣传部、省委教育工委、省社科联等联合推进以马克思主义为指导的哲学社会科学学科基础理论建设专项工作,省社科规划项目加大对高校红色文化课题研究、基地建设等的支持。在专业建设方面,将红色文化研究融入思想政治教育、中国近现代史基本问题研究、中共党史以及艺术学、传播学

---

① 中共中央宣传部:《习近平总书记系列重要讲话读本》,北京:学习出版社、人民出版社,2016 年版,第 287 页。

等专业建设,推动特色专业发展。组织编写了《福建红色文化教程》,完善大中小学生一体化教材体系,建设了一批优质特色课程和辅助材料。

2016年6月,福建省委宣传部制定了《福建红色文化保护、传承和弘扬工程实施方案》,方案从加强红色文化保护传承、深化红色文化研究整理、推进红色文化弘扬传播、创作红色文化文艺精品、培育红色文化旅游品牌等五大方面,明确了福建红色文化保护、传承和弘扬工程的重点工作。方案还就推进红色资源进校园作出了具体部署。全省学校结合学校实际,充分挖掘和利用当地红色文化优势资源,开展了许多主题鲜明、卓有成效的红色文化活动项目,在项目中推动"红色资源进校园"制度化、常态化,形成了"一堂流动的、生动的思政大课",获得了巨大的社会反响。

五、推进红色文化育人课程建设

习近平总书记指出:"党的十八大以来,党中央先后召开全国高校思想政治工作会议、全国教育大会,我就思政课建设多次讲过意见。我对教育工作在这方面强调得最多,教育工作别的方面我也强调,但思政课建设我必须更多强调。"[1]课堂教学是学校思想政治教育的主渠道,而课程是实施组织课堂教学的关键。学校要变"为我所有"为"为我所用",深入挖掘红色资源,提炼红色基因,将红色基因转化为课堂教学的生动教材,使红色基因活化为可看、可读、可听、可续的精神食粮,最终形成教育内涵,达到文化育人的目的。

我们了解到,全省已经大力实施了思想政治理论课教学改革择

---

[1]　习近平:《思政课是落实立德树人根本任务的关键课程》,《求是》,2020年第17期。

优推广计划项目,推动将古田会议、才溪乡调查等红色文化有机融入课程,开展对话式、专题式、互动式、问题式教学。先后出版了《福建红色文化实践教学指南》《史海求真——"中国近现代史纲要"课基本问题文献精编》等,将革命旧址旧居转化为思想政治理论课的新课堂,将丰富的实物史料转化为思想政治理论课的活教材。福建师范大学"集中多学科优势加强红色文化研究"入选教育部社科中心"高校红色文化资源育人成果",宁德师范学院"学习《摆脱贫困》构建知行合一的思想政治教育立体化实践教学模式"、龙岩学院"植红土、铸红魂、育红人——闽西红色资源在思政课教学中的转化"等一批优秀的教学成果先后涌现。诸如此类实践做法,都已成为全国高校很好的范例。

六、构筑红色文化育人实施路径

习近平总书记强调:"思想政治理论课要坚持在改进中加强、在创新中提高,及时更新教学内容、丰富教学手段,不断改善课堂教学状况,防止形式化、表面化。"[①]学校思想政治教育的主渠道无疑就是课堂教学,此外,日常管理、校园文化、社会实践和学术研究都是思想政治教育的重要渠道。全省现已建设古田会议纪念馆、福建省革命历史纪念馆等首批18个省级高校思想政治理论课实践教学基地,建立了古田会议会址等65个省级大学生社会实践基地。开展"红色基因代代传·长征精神永发光"等专项实践活动,选派大学生开展红土地采风、担任"村官"等,建立与红色文化基点村长期挂钩服务和合作机制。推动各地各校将革命历史纪念馆、革命遗址等作

---

① 习近平:《在全国高校思想政治工作会议上的讲话》,人民网,2016年12月8日。

为研学旅行基地,设计开发一批研学旅行课程和线路,开展"红色之旅"研学实践体验,让学生重温红色记忆、追寻红色足迹。

　　相关做法大体可以概述为:一是融入课堂教学,建师资、编教材,将红色文化深度运用到思政课程和课程思政中,深入推进红色文化"进教材、进课堂、进头脑"。二是融入日常管理,示范性地创建红色班级。红色班级立足校园,以传承红色基因为主旨,经常性开展读红色书目、唱红色歌曲、讲红色故事、观红色影视、学红色典型等活动,将红色基因传承与班风建设有机融合,让学生在浓郁的"红色"中得到洗礼,不断加强青年学子理想信念教育和品行道德修养。三是融入校园文化,以红色剧目、红色展馆、红色网站、红色活动等为载体,开设红土地论坛,建设红色主题网站,推出"红色书目品读分享""红色经典朗诵""红色影视作品展播""红色故事大赛""红歌会"等活动项目,使红色文化育人有形化、系统化、精品化。四是融入社会实践,以福建原中央苏区核心区域为依托,建立"革命传统教育基地""红色文化育人实践基地",坚持每年通过开展"走苏区、寻初心、筑梦想、做传人"主题实践活动,引导和组织广大学生在实践中进行红色考察、红色寻访、红色体验。五是融入学术研究,培育建设"福建红色文化研究中心""中央苏区研究院""谷文昌精神研究中心"等8个省级研究基地、2个省级特色新型智库、5个红色文化教育示范基地。开展革命历史文献、口述资料与红色文物的搜集整理,出版《古田会议精神读本》《多维视域下的古田会议研究》等。把福建红色文化研究列入博士研究生招生方向,培养从事红色文化研究的高层次人才。协调省哲学社会科学领军人才和文化名家以及高校领军人才支持计划等,对红色文化研究倾斜支持。出版"马克思主义理论教学与研究文库",在高校学报等相关学术期刊开设红色文化研究专栏,刊发红色文化重大基础理论问题研究成果。

七、完善红色文化育人平台建设

习近平总书记强调:"学校思想政治工作不是单纯一条线的工作,而应该是全方位的。要完善课程体系,解决好各类课程和思政课相互配合的问题,鼓励教学名师到思政课堂上讲课,解决好推动其他教职员工和思政课教师相辅相成的问题,推动思想政治工作贯通人才培养体系,发挥融入式、嵌入式、渗入式的立德树人协同效应。"①完善平台建设,是不断拓展红色文化育人的渠道和空间的重要手段。全省各级各类学校结合自己的特色自主开发了一批具有思想性、艺术性和教育性的红色文化场馆和平台,开展红色文化育人活动,推进红色基因传承,广泛调动了师生员工尤其是师生党员积极参与红色文化育人活动的积极性和主动性,将"推进红色基因传承"工作要求真正落在基层、落在日常,形成"学校搭戏台、师生同唱戏"工作机制,广大学生在红色文化育人体系中参与体验、接受教育、饱经洗礼,呈现出了生动活泼的红色文化育人工作局面。比如:2018 年,闽南师范大学马克思主义学院在车本村设立"基层党建与红色文化教育创新基地",旨在为马克思主义理论教育创建新的红色实践基地,为基层党组织和党员提供学习平台,是夯实党建基础的有力举措。同时,也为漳浦挖掘红色文化和打造五彩党建特色品牌添砖加瓦。近些年来,福建还大力实施了大学生学习马克思主义理论自主行动计划,重点培育习近平新时代中国特色社会主义思想等 120 个大学生理论读书社。深入开展"八个一"活动,即:每半月至少开展一次集中读书活动,每位社团成员每月撰写一篇学习心

---

① 习近平:《在全国高校思想政治工作会议上的讲话》,人民网,2016 年 12 月 8 日。

得,每学期至少开展一次参观考察、一次学习论坛和一次相关理论普及宣传活动,每年至少开展一次社会调查、形成一份调研报告、汇编一本学习研究成果集。建设"福建高校思想政治工作网",优化"思想高地""红色基因""先贤足迹"等栏目。建设与推出马克思主义理论在线学习平台,开设了20个思政名师网络工作室,培育建设了"青马易战"等易班"十大特色应用",编发了学习宣传红色文化相关文章600多篇,产生了深远影响。

八、强化红色文化育人队伍建设

习近平总书记指出:"'经师易求,人师难得。'教师承载着传播知识、传播思想、传播真理,塑造灵魂、塑造生命、塑造新人的时代重任。思政课教师,要给学生心灵埋下真善美的种子,引导学生扣好人生第一粒扣子。"①文化对个体理想信念和价值观的塑造,往往不是"疾风骤雨",而是"润物细无声"的教化,逐步将文化内含的信仰力量、精神力量转化为个体的情感认同和行为习惯。红色文化在高校的传承和发展,尤其是推进红色基因传承方面,要站在全员、全方位和全过程育人的高度,形成工作合力。其中,全员是摆在首位的,因为工作队伍是加强和改进学生思想政治教育、推进红色基因传承的组织保证。为此,全省各级各类学校要面向党政干部和共青团干部,思想政治理论课和哲学社会科学课教师,辅导员和班主任,加强培训和培养,形成加强和改进学生思想政治教育、推进红色基因传承的主体力量。采取切实措施,培养一批坚持以马克思主义为指导,理论功底扎实,勇于开拓创新,善于联系实际,老中青相结合的

---

① 习近平:《在全国高校思想政治工作会议上的讲话》,人民网,2016 年 12 月 8 日。

红色文化育人骨干队伍,使他们在推进红色基因传承中发挥更大的作用。采取专兼职相结合、校内外相结合、线上线下相结合的方式,建立起红色文化育人工作队伍,并从政治上、工作上、生活上关心他们,在政策和待遇方面给予适当倾斜。比如,福建师范大学、龙岩学院、三明学院等高校在校内组建了一支讲师团队伍,除学校党政领导、党史专家以外,还聘请了红色后代、地方史专业人员和省委党校、古田干部学院的教授等人员作为讲师团成员。这批讲师团成员经常深入师生之间讲好红色文化故事,极大地解决了校内红色文化育人专业师资的问题。这给学校强化红色文化育人队伍建设带来一个有利的启示。

后　记

　　红色文化是历史、是记忆、是传统,是新中国的重要文化基因,也是中华民族文化自信的底色与底气。福建作为红色文化资源大省,老区苏区多、党史上的重大事件多、重要人物多,为革命做出的牺牲和贡献大。福建老区苏区分布广泛,全省 84 个县(市、区)中,有 70 个老区苏区县(市、区)。据统计,福建有 2500 多处革命遗址,全省有 3600 多个革命基点村一直坚持革命斗争到全国解放,赢得了"红旗不倒"的赞誉。

　　毫无疑问,传承红色基因是福建当仁不让的历史责任和使命,也是加强青少年思想道德建设的重要举措。当前,全国各地纷纷挖掘当地红色教育资源,引领青少年走进红色基地,接受红色精神的洗礼和熏染,让传承红色基因真正成为引领学生奋发向上的精神力量,让学生在深入红色革命基地的实践教育中近距离地感受那段红色岁月具有的重大意义。青少年正处在成长的关键期,引导他们树立正确的三观至关重要。从这个层面来说,挖掘红色教育资源有利于培育他们的爱国情怀,是对社会主义核心价值观中"爱国"二字的生动诠释,有利于引导青少年认识到今日中国是无数个爱国先烈的牺牲和奉献铸就而成的,新时代的青少年要立足自身实际,不忘历史,以此激励自己热爱生活,好好学习,成就更好的自己。

　　为此,习近平总书记反复强调:"我们党立志于中华民族千秋伟业,必须培养一代又一代拥护中国共产党领导和我国社会主义制度、立志为中国特色社会主义事业奋斗终身的有用人才。在这个根本问题上,必须旗帜鲜明、毫不含糊。"①福建有着丰厚历史文化积淀,是一片充满红色记忆的红土地。推进红色基因传承,是这片红土圣地的必然责任和使命。全省各级各类学校都应始终坚持把红色文化育人作为一项长期工程,融入学校办学育人体系,作为红土学校的永恒事业,一任接着一任干,驰而不息、久久为功,把红色文化育人工作做"实";都应始终坚持把红色文化育人作为一项基础工程,贯穿立德树人全过程各方面打好立制度、建机制、强队伍、抓落实"组合拳",把红色文化育人工作做"深";都应始终坚持把红色文化育人作为一项系统工程,全校上下联动、全员参与、协同推进,构建红色文化育人大格局,实现人才培养、科学研究、社会服务相得益彰,把红色文化育人工作做"亮"。不忘初心,方得始终。青少年是祖国的未来、民族的希望,在其成长成才过程中加强红色文化教育具有重要的现实意义和长远意义。全省各级各类学校要一同坚守红色情怀,坚持在守正中创新,努力构建起新时代"红色基因在红土圣地代代相传"的长效机制,努力为党和国家培养更多的信得过、靠得住、素质高的社会主义建设者和接班人。

全书在编写过程中,得到了史学界、教育界相关专家学者的大力支持,沈妮、邵晓娟、康鑫翌、何丁林、张小娟等硕士研究生参与了资料收集、整理等工作,在此表示衷心感谢!

同时,本书在编写过程中,参考引用了不少机构和个人的前期研究成果,特此致谢!由于时间仓促,以及客观条件的限制,不免有挂一漏万之处,加之我们的水平有限,错漏难免,恳请读者朋友批评指正,以便适时订正。

编　者

2022 年 8 月

---

① 习近平:《用新时代中国特色社会主义思想铸魂育人　贯彻党的教育方针落实立德树人根本任务》,人民网,2019 年 3 月 18 日。